DU MÊME AUTEUR, AUX ÉDITIONS LEDUC.S

Le mariage malin, 2013.

Maquette : PCA
Illustrations : Élise Bonhomme (p. 32, 34, 35, 84, 89, 134, 135, 152 et 155) et Fotolia

Deuxième impression (mars 2017)
29 boulevard Raspail
75007 Paris – France
ISBN : 978-2-84899-642-4
ISSN : 2425-4355

C'EST MALIN
POCHE

CAMILLE ANSEAUME

LE RANGEMENT

LEDUC.S
EDITIONS

Sommaire

Introduction

On ne va pas se mentir. A priori, le rangement, ce n'est pas ce qu'il y a de plus glamour dans la vie. Il y a tellement de choses plus intéressantes à faire comme voir des potes, se reposer, faire du sport, se détendre, regarder des films et lire des bons livres, profiter de ses proches…

Sauf quand on ne trouve plus ses clés et qu'on ne peut donc plus sortir.

Quand on n'a plus de lit depuis qu'une pile de vêtements en a pris sournoisement possession.

Quand on a perdu son survêt (et qu'il est en réalité caché dans le bac à légumes du frigo).

Quand on ne sait plus où poser les yeux chez soi sans que ça nous provoque des migraines.

Quand ça fait belle lurette qu'on n'a pas recroisé notre collection de DVD.

Quand nos amis, bizarrement, sont de moins en moins nombreux à venir à la maison.

Bon, d'accord, on en rajoute un tout petit peu, et vous n'en êtes pas forcément au stade de la désocialisation et à la limite de l'insalubrité. Mais même à des degrés moindres, il est assez impressionnant de constater à quel point le bazar peut nous compliquer la vie.

En plus d'y perdre ses clés/ses vêtements/son chargeur/sa combinaison de ski/ses livres préférés (rayez la mention inutile), on y perd aussi souvent, comme si ça ne suffisait pas, son latin, son temps, son énergie, sa patience, son argent et sa tranquillité d'esprit.

Mais oui, vous savez, la tranquillité d'esprit, ce sentiment un peu trop furtif qui vous envahit parfois quand vous prenez votre courage à deux mains et faites un peu de tri dans vos placards, ou quand vous arrivez enfin à boucler cette tâche qui traînait depuis des jours.

« Ranger », ce n'est pas un concept abstrait, c'est une décision simple, et l'affaire de quelques heures (pendant quelques jours de suite). Parce que vous vous faites peut-être une montagne de ce qui vous attend, nous avons choisi un plan d'attaque simple: découvrez pièce par pièce, objet par objet, comment ordonner votre maison et en faire un havre de paix.

Pour suivre nos conseils, pas besoin de gros travaux, ni de matériel sophistiqué: parfois juste de bon sens ou de quelques matériaux recyclés… Et parfois vous réaliserez que vous aviez simplement besoin d'un œil extérieur pour prendre conscience de ce qui ne va pas dans votre organisation actuelle du rangement, et l'améliorer en deux temps trois mouvements.

Mais avant de vous lancer, découvrez quelques règles générales à respecter, des principes simples qui s'appliquent à toutes les pièces, pour faciliter le rangement et surtout le faire perdurer…

CHAPITRE I

Les 12 commandements du rangement

Quelques règles essentielles et faciles à mettre en œuvre se retrouvent d'une pièce à l'autre : reportez-vous à ce chapitre régulièrement au fil de votre lecture, pour adopter ces préceptes, des toilettes au salon en passant par la chambre à coucher, la cuisine ou la salle de bains.

1 Toujours par du tri, tu commenceras

Vous le constaterez au fil des pages, la première étape pour le rangement de chaque pièce, de chaque catégorie d'objets au sein de cette pièce, consiste en un tri draconien. On a tendance à accumuler les choses par habitude, par manque d'attention, ou par peur de manquer pour les plus névrosés d'entre nous (tous, à peu près, donc). Et c'est précisément cette accumulation plus ou moins consciente qui crée sournoisement, doucement mais très sûrement, le désordre ou la sensation de désordre.

Si vous avez l'intention d'opérer un grand ménage de printemps chez vous, commencez par trier l'ensemble de vos affaires, catégorie par catégorie. Vous serez étonné du gain d'espace, et de la sensation de liberté qu'un tel désencombrement procure.

Puis prenez l'habitude de veiller au grain, pour ne pas laisser le superflu se refaire une place VIP chez vous.

❷ L'accumulation, tu fuiras

L'accumulation et le superflu sont les pires ennemis du rangement. Après avoir trié, adoptez des réflexes visant à ne pas vous encombrer à nouveau. Dès que vous recevez ou achetez quelque chose de neuf, jetez l'ancien pour éviter les doublons. Imaginez régulièrement que vous vous apprêtez à déménager, et demandez-vous ce que vous garderiez, et ce que vous auriez la flemme d'emballer, de mettre en carton, de déballer et de ranger. Les objets entrant dans cette catégorie n'ont sans doute pas d'utilité particulière.

❸ Entre garder, donner, échanger ou jeter, tu trancheras

Plein de bonnes intentions, vous avez commencé votre tri en constituant deux piles : « à garder » et « à ne pas garder ». Problème : vous ne savez pas quoi faire de la deuxième. Alors vous remettez ce choix à plus tard, vous rangez tout dans les placards, merci, bonsoir.

Concernant les objets que vous ne souhaitez pas garder, considérez que vous avez quatre solutions :

1. **Jetez ce qui est cassé, abîmé, hors d'usage, inutile.** Respectez le tri sélectif, en mettant par exemple les magazines dans le même bac que les emballages.
2. **Donnez ce qui est en bon état** ou peut être retapé/réparé/recousu facilement :
   – à des associations caritatives : www.emmaus-france.org
   – ou à des particuliers : www.donnons.org ; www.donne.consoglobe.com ; www.fr.freecycle.org
3. **Vendez sur Internet,** en soignant votre annonce et le choix de la photo, et précisez bien les modalités de transport pour les objets encombrants : www.ebay.fr ; www.leboncoin.fr ; www.paruvendu.fr. Vous pouvez aussi prendre un intermédiaire qui, moyennant une petite commission, se chargera du transport de l'objet, de la rédaction de l'annonce, et de vous offrir une bonne visibilité : www.troc.com ; www.vendezmalin.fr
4. **Enfin, pensez aussi au « troc » :** quelques bouquins contre un CD, un costume contre

une jolie paire de chaussures, un service à café contre une table de chevet, un tapis contre une étagère, bref, vous voyez l'idée. (Sinon on peut continuer pendant encore 7 paragraphes.)
Vous pouvez organiser des soirées troc entre amis : chacun apporte un truc à manger ou à boire, ses cartons d'objets devenus inutiles, on vide ses placards et on les remplit tout en passant un bon moment, et tout est pour le mieux dans le meilleur des mondes.
Pour le même principe version web, sachez qu'il existe des sites de troc dont certains fonctionnent avec un système de points, pour que les échanges soient à peu près équitables : www.gchangetout.com ; www.troczone.com

4 Les excès de zèle, tu t'interdiras

Dans votre désir ardent de devenir le Superman de l'organisation, la Catwoman de l'ordre, vous avez l'intention de trier vos épices et herbes aromatiques par alphabet ET par date de péremption ? Avez-vous réfléchi au fait que ce n'était peut-être pas le moyen le plus évident de les retrouver ? Et saurez-vous quoi faire de votre pot d'aneth qui se périme en 2027 ?

L'excès de zèle est le meilleur ennemi du rangement efficace. Car l'idée est de se simplifier la vie, pas de s'ajouter des contraintes inutiles. À vouloir faire « trop » bien, on oublie parfois l'objectif de base : gagner du temps et de l'espace.

5 Réaliste, tu seras

Ranger intelligemment, c'est ranger selon des modes simplifiant la vie. Mais c'est aussi ranger en faisant preuve de réalisme, face aux contraintes du quotidien et aux habitudes du foyer. On ne range pas de la même façon une maison où on vit à deux et une maison où on vit à six. Un bon rangement doit tenir compte des facteurs « réels » : à quoi bon installer une penderie dans l'entrée et rêver de vêtements alignés si vos enfants sont trop petits pour y accrocher leurs manteaux ? À quoi bon imaginer une salle de jeux sans rien qui dépasse, si l'idée est que les enfants s'y amusent sans encombrer de leurs jouets les autres pièces de la maison ?

N'entreprenez de changements organisationnels que si vous savez que les engagements qu'ils supposent pourront être tenus par vous et par le reste de la famille.

6 De la place, tu gagneras

Des conseils pour survivre en milieu riquiqui vous seront délivrés tout au long de cet ouvrage, mais voici quelques astuces simples à mettre en place pour en gagner, justement.

- **Ne gardez que le nécessaire :** par exemple, 12 assiettes/fourchettes/couteaux/cuillères à soupe/ petites cuillères si vous êtes 4, c'est suffisant. (« Oui mais si un jour on a 42 copains qui débarquent à l'improviste pour dîner ? » Tssst.)
- **Les housses sous vide font gagner une place folle** dans les placards et protègent les vêtements, les couettes et le linge de lit de la poussière et de l'humidité.

- **Pensez aux éléments suspendus** (crochets à la place d'un portemanteau sur pieds, étagères fixées au mur) pour libérer le maximum d'espace au sol.
- **Utilisez la hauteur,** à petite comme à grande échelle : verres à empiler dans le placard, colonnes de tiroirs, bacs empilables dans les chambres d'enfants, lits mezzanine…
- **Optimisez l'espace** en investissant les recoins (tiroirs sous le lit, étagères sous l'escalier…).

7 Les enfants, tu impliqueras

Si enfants il y a évidemment, le cas échéant, merci de laisser les enfants des voisins en dehors de tout ça. Pour cela, commencez par leur apprendre dès leur plus jeune âge à ranger au fur et à mesure en leur montrant les bénéfices (trouver les jouets quand on les cherche, les garder en bon état…) plutôt qu'en transformant cela en punition.

Vous pouvez aussi utiliser le jeu : « Vous avez 1 minute 30 pour trouver 10 objets à jeter à la poubelle », ou « le premier qui a fini de ranger sa chambre a gagné ».

Une chambre d'enfant reste néanmoins une chambre d'enfant, et l'idée n'est pas de les traumatiser, et qu'ils n'osent plus s'y amuser. Instaurez plutôt quelques règles comme : les chambres doivent être rangées quand on se couche.

Pensez aussi, dans les chambres comme dans le reste de la maison, à adapter les possibilités de rangement aux enfants : bacs faciles à manipuler dans les chambres, portemanteaux à leur hauteur dans l'entrée...

8 Régulièrement, tu entretiendras...

Vous commencez sans doute l'étape « mise en ordre » par un grand rangement de fond en comble. Mais pour vous éviter d'avoir à renouveler l'expérience tous les mois, prenez l'habitude de préserver l'ordre et la propreté de la pièce grâce à de petites actions régulières vouées à devenir des routines automatiques.

L'idéal : en trouver une série pour le matin (faire le lit et aérer, ranger la vaisselle propre...) et une série pour le soir (ouvrir et ranger le courrier, faire la vaisselle...).

Prenez aussi deux habitudes simples :

1. Remettez toujours en état le lieu de votre dernière activité : rangez vos papiers après avoir fait vos comptes, votre vaisselle après avoir cuisiné, votre serviette et vos vêtements après la douche
2. En quittant une pièce, balayez-la du regard pour en sortir les objets qui n'y seraient pas à leur place.

Prenez également soin de laisser dans quelques pièces (toilettes, salle de bains…) une boîte contenant des produits d'entretien : éponge, lingettes, eau de Javel… Cette précaution vous évitera, ainsi qu'aux autres membres de la famille, d'avoir à aller chercher le matériel en cas d'envie subite de passer un petit coup, et d'y perdre la motivation en chemin.

Dans la même optique, laissez près de chaque poubelle de la maison un petit stock de sacs en plastique, pour pouvoir en quelques gestes embarquer le sac plein et le remplacer, le tout sans salir la poubelle.

9 ... et un peu de rab, tu feras

Une fois que vous aurez le réflexe de ranger systématiquement la zone correspondant à l'activité terminée (bureau, cuisine, salle de douche), prenez l'habitude, une fois sur deux, de faire 5 minutes d'« heures supp' ». Continuez sur votre lancée en vous attelant à ranger une autre zone à proximité : le pot à crayons du bureau, une planche d'étagère de la salle de bains, le tiroir à couverts de la cuisine...

10 Un planning, tu élaboreras

En plus de ces réflexes et de ces « minutes supp' », vous gagnerez en temps et en énergie en établissant un planning très simple à tenir toute la semaine. Il existe six zones principales dans la maison. Ça tombe bien, il existe aussi six jours. (Le dimanche ça ne compte pas, il y a sieste.)

La cuisine, le salon/salle à manger, les toilettes, la salle de bains, la chambre des parents, les chambres des enfants éventuellement.

En plus des « routines » quotidiennes, attribuez une zone à chaque jour de la semaine pour y approfondir le rangement en quelques minutes seulement. Par exemple :

Lundi : zone 1 – la cuisine

- Vider le placard sous l'évier (changer les éponges, jeter les bouteilles vides).
- Ranger et faire du tri dans le placard d'alimentation.
- Ranger le frigo.
- Trier les papiers sur le devant du frigo.

Mardi : zone 2 – le salon/salle à manger

- Trier les bibelots.
- Trier et ranger livres, CD et DVD.
- …

Mercredi : zone 3 – les toilettes

- Vérifier le stock de papier.
- Trier les magazines.
- …

Jeudi : zone 4 – la salle de bains

- Jeter les bouteilles vides (shampooing, gel douche…).
- Vérifier le stock de dentifrice, coton…
- Faire un tri rapide dans les cosmétiques et les médicaments.
- Laver les serviettes.
- …

Vendredi et samedi : zones 5 et 6 – chambres des parents et des enfants

- Faire un brin de rangement dans les vêtements.
- Si les jouets sont rangés par catégorie, opérer un tri rapide pour les remettre à leur place.
- Remettre en place les livres sur les étagères.
- Désencombrer les bureaux, tables basses
- …

11 Les déplacements, tu limiteras

D'une manière générale, soyez radin sur le nombre de pas et de mouvements que vous aurez à faire pour l'entretien courant de la maison.

En plus de faire perdre du temps, ces va-et-vient ont tendance à décourager les bonnes intentions. Organisez votre rangement en fonction de cette donnée : idéalement, mettez les parures de lit de chacun dans les chambres correspondantes, la vaisselle à proximité du lave-vaisselle ou de l'évier et de la table, le matériel à apéro près de la table basse, etc.

⓬ Les accidents domestiques, tu préviendras

Des encadrés « Mémo » viendront au fil des chapitres vous rappeler les règles essentielles en matière de sécurité. N'hésitez pas aussi à vous procurer la brochure éditée par le ministère de la Santé et mise à disposition gratuitement sur www.sante.gouv.fr/accidents-domestiques.html.

CHAPITRE 2

Préparer une entrée en fanfare

C'est elle qui donne le ton, le la, l'ambiance, le moral ou le blues. On exagère ? Pas tant que ça… On dit que lors d'une rencontre, tout se joue en trois minutes : la maison ne déroge pas à la règle, nous plongeant dès nos premiers pas dans un univers dans lequel on se sentira bien… ou pas. Idem pour nos invités qui, même sans être conviés à *Un dîner presque parfait* avec note déco à la clé, peuvent sentir dès l'entrée (celle qui ne se mange pas) si, ici, ils se sentiront comme chez eux.

Voici nos conseils rangement pour ne pas avoir envie de claquer la porte.

Les manteaux

Le tri

Ceux que l'on met vs ceux qui décorent (ou qui encombrent)

Vous avez sans doute accumulé, pour vous et vos enfants, un certain nombre de manteaux au fil des années, des modes et des saisons. Première étape donc, faire le tri pour ne garder que ceux que vous portez. Mettez de côté (dans le but de vendre ou de donner) :

- ceux qui ne sont plus à votre taille (trop petits, trop étroits, trop larges) ;
- ceux qui ne vous plaisent plus et dans lesquels vous n'êtes pas à l'aise ;
- ceux qui présentent un aspect vieilli, informe ;
- les « importables » : sympas mais pas pratiques, trop guindés, impossibles à assortir

Ceux de saison vs les autres

Inutile d'encombrer votre entrée avec les manteaux d'hiver en été, et réciproquement.

Faites un tri en septembre pour ressortir les vêtements chauds, et en mars-avril pour vos vestes et blousons légers.

Pour les manteaux, comme les autres vêtements, n'opérez pas le tri « je mets/je ne mets pas » tout de suite. Les tendances changent, et il se peut que ce tee-shirt que vous n'avez pas beaucoup mis cet été (non, pas celui-ci, l'autre avec encore l'étiquette), vous ravisse au printemps prochain. C'est ça de flairer la mode avant tout le monde.

Le rangement

Les manteaux hors saison

- Commencez par les laver ou les faire nettoyer au pressing. Même peu portés et propres à l'œil nu, les impuretés et bactéries pourraient endommager le tissu.
- Puis, glissez-les dans des housses de rangement sous vide qui, une fois l'air contenu aspiré, vous permettront de protéger vos vêtements et de gagner une place considérable.
- Selon la place dont vous disposez dans vos divers placards (entrée, chambre, buanderie), pendez les housses, installez-les sur une étagère en hauteur ou glissez-les sous un lit avec vos autres vêtements hors saison (voir p. 39).

Les manteaux de saison

Ceux-ci devront, contrairement à ceux hors saison, être accessibles facilement.

Si vous disposez d'un placard dans l'entrée: En plus de la tringle principale, fixez-en une autre à hauteur d'enfant, ou fixez sur le mur du placard des portemanteaux « crochets », afin que les enfants puissent ranger leur vêtement en rentrant.

Prévoyez des cintres supplémentaires, pour les manteaux de vos invités.

Si vous n'avez pas de rangements dans l'entrée, vous avez le choix entre:

- *Les portemanteaux suspendus* qui peuvent être fixés au mur ou accrochés en haut d'une porte. Ils sont formés de crochets pouvant maintenir chacun un vêtement: au-delà, et surtout pour les gros vêtements d'hiver, tout se casse la figure au moindre courant d'air. Une solution idéale si vous n'êtes pas nombreux à la maison et que vous utilisez souvent le même vêtement, mais à éviter pour les familles nombreuses et les collectionneurs de manteaux.
- *Les portemanteaux à pieds:* les « branches » sont plus grandes que les crochets, et on peut disposer plusieurs vêtements sur chacune. L'inconvénient

est que ce type d'objet prend de la place et est donc à réserver aux entrées spacieuses.

• *Les penderies :* si vous avez assez de place au sol, placez une structure de penderie. Vous pourrez suspendre vos manteaux sur la tringle, et utiliser l'espace du dessous en glissant des boîtes de rangement. Pour des raisons esthétiques, camouflez le contenu de votre meuble de rangement grâce à une housse en tissu, ou en le calant dans un recoin et en ajoutant un rideau.

Do it yourself : porte-manteaux en un clin d'œil

Pour vos vêtements ou pour ceux de vos invités, fabriquez vous-même des crochets en un clin d'œil.

Achetez des cintres en bois avec crochets pivotants, peignez-les éventuellement. Fixez le cintre au mur, à la hauteur souhaitée, à l'envers, c'est-à-dire crochet vers le bas. Tournez le crochet vers vous, de façon à pouvoir y accrocher les manteaux, comme sur une patère ! Si vous craignez d'abîmer les manteaux les plus fins, suspendez simplement un autre cintre à ce crochet.

Les chaussures

À raison de deux pieds par personne (en moyenne), on se retrouve vite envahis par les chaussures en tous genres et de toutes pointures. Et c'est que ça prend de la place, ces petites choses-là.

Le tri

Qu'est-ce que je garde, qu'est-ce que je donne/vends/jette ?

• Opérez un premier tri en fonction de la saison.

• Séparez-vous des moches (on a tous dans son placard une paire de chaussures moches achetée dans un élan modesque et créatif bizarre), des qui font mal aux pieds (oui, même si elles sont quand même très belles), des trop petites (certes, c'était une bonne affaire, ça l'aurait été encore plus si ce n'était pas un 36 ½), des trop grandes (quand avec trois semelles empilées ça ne va toujours pas il y a un moment où il faut savoir se résigner).

Qu'est-ce que je fais des « importables » ?

• Concernant les chaussures abîmées et usées :

direction la poubelle (et sans scrupule) si vous n'avez plus aucun plaisir à les porter.

- Le cas échéant, demandez à votre cordonnier ce qu'il peut faire pour sauver leur vie (et la vôtre), et combien vous coûtera cette opération de tous les dangers. Parfois, vous apprendrez que c'est le prix que vous avez payé à l'achat…
- Les enfants ont le mauvais goût de grandir très vite des pieds. D'un été à l'autre ou d'un hiver à l'autre, les chaussures ont 99 % de chances de ne plus leur aller. Misez sur le 1 %, si vous êtes optimiste, ou jetez-les, à moins qu'elles aient été très peu portées et déformées, auquel cas elles pourront servir aux cadets.

Le rangement

Triez les chaussures en fonction de leur style (quotidien, cérémonies, chaussures de sport…) pour un rangement intelligent en fonction de la fréquence d'utilisation.

Si vous n'avez pas la place de les réunir toutes au même endroit, utilisez l'entrée en priorité pour les chaussures de tous les jours. Les plus chics pourront trouver une place dans votre chambre (voir p. 152), et les chaussures de sport dans un garage.

Où les ranger ?

Pour ranger vos chaussures, utilisez l'une de ces techniques ou combinez-les.

Les meubles à chaussures

Vendus dans tous les magasins d'ameublement, ils sont dotés de tiroirs « à bascule », s'ouvrant par le haut, et dans lesquels les chaussures sont rangées à la verticale.

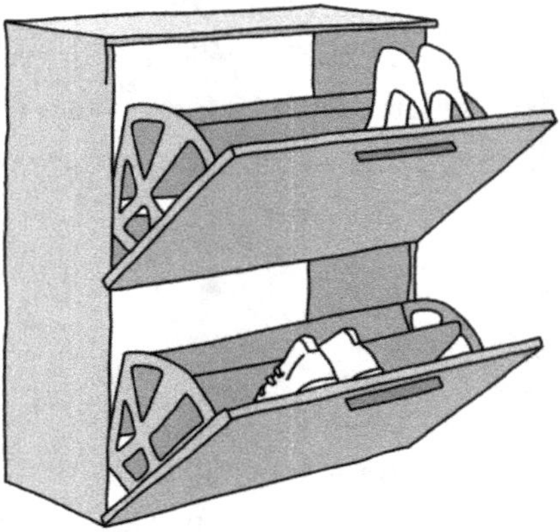

Le + : ils sont peu profonds, et trouvent facilement leur place dans une entrée, même étroite.

Seul hic : la plupart du temps, et à raison de trois à quatre étages, ils permettent de ranger une vingtaine de paires, rarement plus.

Les meubles « recyclés »

Objectif: transformer un meuble quelconque en meuble à chaussures. Pour cela, une seule contrainte: que la profondeur du meuble soit d'au moins trente centimètres. En dessous, les plus grandes pointures de la maison se feront recaler à l'entrée. Réservez l'étagère simple, sans portes, au rangement des chaussures dans le garage: dans l'entrée, un tel meuble ne serait pas très esthétique.

Utilisez plutôt une commode à tiroirs: ce type de meuble étant en général assez profond, mettez au fond les chaussures que vous n'utilisez pas souvent (chaussures de cérémonie...) et au premier rang les autres. Il peut s'agir aussi d'un simple placard à étagères: investissez alors les étagères du haut, laissez les plus basses aux enfants.

Les casiers en dur

Utilisez un simple meuble à casiers étiquetés au nom de chaque membre de la famille, dans lesquels pourront être mises en vrac les chaussures les moins fragiles (chaussures enfants, chaussures de sport, chaussures en toile, tongs...)

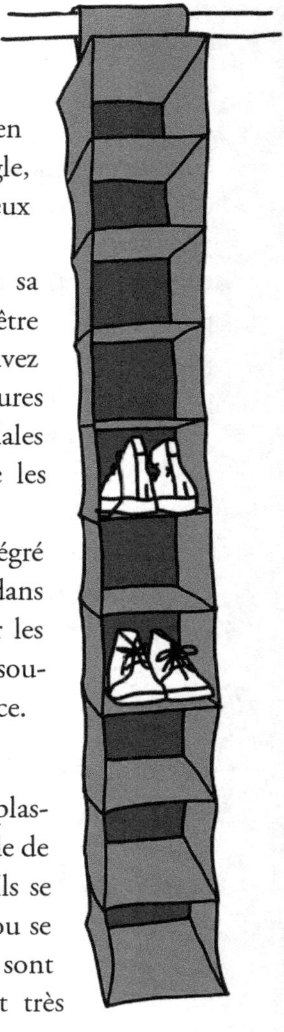

Les casiers à suspendre

Il s'agit ici d'un système de rangement en plastique ou en tissu à suspendre à une tringle, et présentant de nombreux compartiments.

Chaque paire dispose de sa « case » et ne risque pas d'être endommagée. L'été, vous pouvez caser deux paires de chaussures peu encombrantes, type sandales ou nu-pieds, à condition de les glisser tête-bêche.

Ce système peut être intégré au placard de l'entrée ou dans celui de votre chambre, pour les chaussures utilisées moins souvent, si vous manquez de place.

Les supports à poches

Ces rangements souples en plastique présentent une multitude de pochettes compartimentées. Ils se fixent aux murs, aux portes, ou se suspendent à des tringles. Ils sont très peu chers, mais souvent très peu beaux, à éviter donc si c'est la première chose qu'on voit chez vous en arrivant.

Les barres supports
Elles se fixent directement aux murs ou à l'intérieur des placards : on y pose les escarpins et autres chaussures de diva en calant la barre entre la semelle et le talon. Magie, ça tient tout seul, et comme en général ce ne sont pas nos paires les plus moches, on peut même les laisser aux murs pour faire comme dans les magasins.

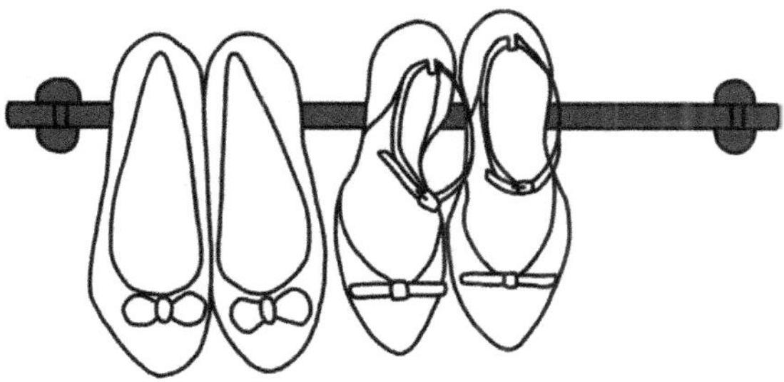

Les tiroirs à roulettes
Idéaux pour vos chaussures « hors saison », si vous n'avez pas de garage et pas assez de place dans l'entrée, ils se glissent sous le lit et se font oublier jusqu'à l'été ou l'hiver prochain.

Les boîtes empilées

Ce rangement consiste à laisser les chaussures dans leur boîte d'origine et à utiliser la hauteur du mur ou du placard pour les empiler.

Pour ne pas chercher votre paire de boots fauves à talons pendant des heures (la bonne boîte est TOUJOURS la dernière que l'on ouvre), notez le contenu des boîtes sur la face visible ou, mieux, prenez une photo des chaussures et collez-la sur le carton.

Par souci esthétique, vous pouvez également repeindre les boîtes (éventuellement une couleur pour chaque type de chaussures pour vous y retrouver) ou les décorer avec du papier cadeau ou kraft, ou encore grâce à la technique du serviettage, qui consiste simplement à recouvrir un support de jolies serviettes en papier à l'aide de vernis colle.

Évitez ce mode de rangement pour toute la famille, car il nécessite une certaine rigueur (trouver la bonne boîte + mettre les chaussures dedans + refermer la boîte, bref, un véritable challenge pour certains), et réservez-le aux chaussures des adultes.

Ce système peut par exemple venir en complément d'un rangement dans l'entrée, et être utilisé pour vos paires les moins portées, empilées contre un mur ou sous des combles dans la chambre parentale.

Le truc en plus

Prévoyez un bac à chaussons à proximité des rangements de chaussures dans l'entrée, et laissez vos enfants choisir leur paire (la plus moche du magasin, donc) pour les motiver à les mettre en rentrant.

Prévoyez de ranger, à proximité des chaussures, une petite boîte contenant le matériel d'entretien : cirage, chiffons, bombes imperméabilisantes…

Les accessoires

Les gants, écharpes et autres accessoires n'ont souvent pas de place attitrée, et finissent inéluctablement sur la rampe de l'escalier (au meilleur des cas).

Le tri

Pour un tri intelligent, prenez en compte les critères suivants.

- **Tri de saison :** écharpes, gants, bonnets pour l'hiver, foulards, casquettes et bobs pour l'été.
- **État des accessoires :** n'ayez pas de scrupules à jeter. Les écharpes s'usent vite et boulochent, les bonnets des enfants sont rapidement trop petits, les gants perdent souvent leur moitié (et non, vous avez peu de chance de retrouver l'autre si son deuil remonte à 1994).
- **Fréquence d'utilisation :** mettez de côté les accessoires de montagne dont vous n'aurez pas besoin au quotidien et qui prennent de la place (à ranger dans un garage, une buanderie…).
- **Quantité nécessaire :** inutile de vous encombrer. Deux bonnets, deux écharpes, deux foulards et deux paires de gants par enfant, c'est largement suffisant.

Le truc en plus

Une astuce pour éviter un nouveau deuil « gantaire » : pour les plus petits, cousez un fil de laine entre les deux gants, assez long pour pouvoir le glisser à l'intérieur du manteau, d'une manche à l'autre.

Le rangement

- **Accessoires « hors saison » :** consignez-les dans une malle, et déposez-la en haut du placard de l'entrée, dans votre garage ou dans la buanderie.
- **Accessoires de saison :** posez-les dans un bac en osier ou autre contenant ouvert (et sans couvercle), dans un endroit accessible aux enfants, pour qu'ils aient rapidement le réflexe de les ranger en rentrant.
- **Été comme hiver :** pensez aussi au porte-parapluies, à poser par terre ou à suspendre au mur pour gagner de la place au sol.

La mauvaise idée

Ranger les écharpes dont on a besoin tous les jours dans une malle ou un contenant fermé. OK c'est déco, mais on a tendance à poser plein de choses sur tous les meubles qui traînent dans l'entrée, et bientôt plus rien ne sera accessible...

6 raisons pour lesquelles dans vos placards, ça ne fait jamais comme dans les magazines

1. Vous ne choisissez pas vos manteaux en fonction de la couleur du mur.
2. Votre fille ne mange pas TOUJOURS une banane quand elle met son ciré jaune.
3. Les chaussures de rugby, dans la vraie vie, ça salit les placards.
4. Les enfants, dans la vraie vie, ça n'a jamais des manteaux parfaitement repassés.
5. Les familles, dans la vraie vie, ça n'a jamais le même manteau chacun dans sa taille, rangé du plus petit au plus grand.
6. Les gens dans les magazines sont les seuls à ranger un coussin sur une étagère (assorti aux tee-shirts, le coussin.) (Tous de la même couleur, les tee-shirts.)

Le petit bazar du quotidien

Vous avez le réflexe de biper votre portefeuille quand vous ne le trouvez plus ? Vous suspectez votre enfant d'avoir piqué vos clés trois fois par jour (alors même que vous n'avez pas d'enfant) ? Il est temps d'agir, pour trouver une fois pour toutes une place attitrée à ces petits objets qui nous font perdre un temps précieux. Les quatre réflexes qui vous sauveront :

1. Sur un meuble de l'entrée, placez une corbeille ou un joli plateau dans lequel vous déposerez en rentrant vos clés, votre téléphone
2. Si vous n'avez pas de meuble (ou pas d'entrée), fixez au mur une petite tablette, ou à la porte un support mural à poches.
3. Prenez le réflexe de vider aussi le contenu de vos poches : vous éviterez les passages incontrôlés de carte bleue en machine et l'accumulation de mouchoirs en papier empreints des doux résidus nasaux de vos chers enfants (ou de vous-même).
4. Installez une petite poubelle (type poubelle de bureau ou de salle de bains) : en plus de recueillir les fameux petits mouchoirs, vous pourrez y jeter les enveloppes et prospectus du courrier du jour.

Le courrier

C'est souvent dans l'entrée qu'il se retrouve à traîner, après avoir été récupéré dans la boîte à lettres. Si vous avez la place, installez sur un coin de meuble ou sur une étagère murale une bannette à deux tiroirs ou un porte-papier à deux compartiments.

1. L'un servira à déposer le courrier à envoyer : à cette place stratégique, vous ne pourrez plus l'oublier en partant.
2. L'autre accueillera le courrier que vous venez de récupérer et que vous n'avez pas encore traité.

Pour une bonne gestion de votre courrier

• Ouvrez votre courrier quotidiennement, pour ne pas vous laisser déborder.

• Jetez dans votre poubelle de bureau les prospectus imprimés des deux côtés, gardez ceux imprimés sur une seule face, ils pourront servir de papier brouillon.

• Attelez-vous tout de suite aux actions rapides à mettre en œuvre : reporter une date sur un agenda, prendre un rendez-vous, classer un papier (voir p. 159)...

- Pour les courriers impliquant une action plus longue (payer une facture...), mettez-les dans une bannette sur votre bureau, et fixez-vous un rendez-vous hebdomadaire pour vous en occuper.

Le coin des objets oubliés

Vous envisagez d'ouvrir une boutique d'e-commerce pour revendre tout ce que vos invités de passage oublient chez vous, pour vous en débarrasser enfin (des objets, pas de vos amis).

Vous avez l'intention d'y ajouter une rubrique « objets empruntés », parce que (malgré toute votre bonne volonté) vous ne savez plus qui est le propriétaire de ces plats à tarte et de cette collection de DVD.

Consacrez dans l'entrée un coin à ces objets « en transit » : dans une caisse en osier dans le placard, dans un sac en toile accroché au portemanteau... Peu importe, pourvu que vous les ayez sous les yeux et à portée de main en sortant de chez vous. Vous mettrez alors toutes les chances de votre côté pour penser à rapporter son dû à Tata Josie (ou à quelqu'un d'autre).

Tenez un petit carnet que vous glisserez dans le sac ou la caisse, et sur lequel vous noterez le nom des propriétaires afin de ne pas oublier. À l'envers du cahier, notez aussi ce que vous prêtez (livres, DVD…) et à qui, pour pouvoir les récupérer plus facilement en cas d'oubli.

Top 5 des objets qu'on oublie toujours de rendre

1. Le plat apporté par Mamie Moustache pour son dessert.
2. Le DVD emprunté à des amis chez qui on a passé le week-end (oui oui, je te l'envoie par la Poste pas de problème).
3. La brosse à dents vache oubliée un vendredi soir par le meilleur ami de l'aîné (qui a aujourd'hui 17 ans ½).
4. L'écharpe laissée là par la belle-sœur un soir de janvier (mais qui va quand même vachement bien avec ce manteau).
5. Le livre emprunté à la bibliothèque (en juin 2001).

Si votre bureau est dans l'entrée : voir Bureau (p. 157).

CHAPITRE 3

Des toilettes impec'

Sans vouloir à tout prix en faire la plus jolie pièce de la maison, vos toilettes méritent toute votre attention : déjà parce qu'on y passe au total près de trois ans de notre vie, selon le très sérieux World Toilet Organization. Ensuite parce que cette pièce peut vous dépanner, en vous offrant des possibilités de rangement insoupçonnées.

Qu'est-ce qu'on peut y ranger ?

- **Les revues et livres** n'ayant pas trouvé de place dans la bibliothèque. Si les cabinets sont assez spacieux, vous pouvez installer des étagères courant autour des quatre murs pour les accueillir.

- **L'armoire à pharmacie:** cette pièce, en général fraîche et à l'abri de la lumière, est idéale pour la bonne conservation des médicaments, à condition de la placer en hauteur, hors de portée des enfants. (Pour la constitution de votre armoire à pharmacie, voir p. 136.)
- **Les sacs de voyage:** fixez une planche en bois au-dessus de la porte afin d'y glisser les sacs de la famille, et libérer ainsi une place précieuse dans les placards de chacun.
- **Les produits d'entretien,** si vous manquez de place dans la cuisine et que vous n'avez pas de buanderie, et à condition d'utiliser des placards de rangement sécurisés.

Pour plus de confort

- Dans un placard ou une jolie boîte fermée, mettez à disposition quelques protections périodiques et prévoyez une petite poubelle.
- Vous pouvez poser sur une étagère ou sur le lavabo une petite corbeille contenant des échantillons de parfum, du gel antibactérien, un petit miroir de poche, une brosse. Un petit détail bien agréable pour se refaire une beauté vite fait bien fait.

CHAPITRE 4

Couloir, mon beau couloir

Le couloir peut être plus qu'un simple lieu de passage ! Découvrez des clés pour optimiser cet espace souvent sous-exploité.

Montez le volume !

Vous pouvez agrandir la sensation d'espace grâce à quelques astuces trompe-l'œil :

- Privilégiez par exemple les couleurs claires au plafond, et sur les murs, appliquez la couleur jusqu'à mi-hauteur seulement.
- Utilisez les miroirs pour refléter l'espace : une grande glace dans un couloir d'entrée pourra se révéler pratique pour le dernier coup d'œil de

vérification de la tenue. (Attention à l'usure précoce du miroir si vous avez des ados.) Si vous avez une fenêtre, placez le miroir juste en face, pour donner la sensation d'une seconde ouverture.

Un, deux, trois, prêts ? Rangez !

Deux options s'offrent à vous :

- Exposer vos livres, collections et objets de déco sur des étagères ou des rayonnages courant tout le long des murs
- … Ou opter pour le rangement invisible de dossiers, papiers administratifs et autres éléments aussi encombrants que peu décoratifs. Utilisez pour cela des placards à portes coulissantes de préférence, ou empilez des boîtes en carton de la couleur de votre choix sur des étagères. Pensez aussi aux coffres, décoratifs et pratiques, dans lesquels vous pourrez poser du linge de maison par exemple : nappes des « beaux jours », housse de rechange pour le canapé, plaids bien chauds pour l'hiver…

Une (presque) pièce à vivre

Vous pouvez profiter de l'espace offert par votre couloir pour aménager un coin utile.

- Dans le couloir de l'entrée, déposez un coffre rectangulaire ou une console basse, et posez quelques coussins dessus : vous pourrez vous y asseoir pour enfiler vos chaussures.
- Autre possibilité : placez votre ordinateur sur une petite tablette fixée au mur, et ajoutez un haut tabouret de bar (pour des conseils bureau, voir aussi p. 157).
- Ou encore, profitez du couloir pour installer un coin téléphone afin de papoter sans déranger Ni être dérangé !

Zoom sur l'escalier

L'espace laissé vacant sous l'escalier peut tout à fait être optimisé, et recéler des trésors de possibilités... Quelques exemples d'aménagements gain de place :

- Installer un coin bureau ou téléphone avec une table simple et quelques étagères fixées au mur.
- Faire construire des placards sur mesure contenant tiroirs, étagères et penderies.
- Le transformer en coin rangement en fixant des étagères et en entreposant des boîtes et des bacs

→

en plastique ou en tissu (en les choisissant dans les mêmes tons) pour y entreposer tout votre bazar sans nuire au confort visuel.

- Transformer les marches en tiroirs dissimulés, pour y ranger les chaussures de toute la famille.
- Accueillir un meuble bas pour devenir le coin télé.
- Installer des étagères en escalier (ou fixer de simples planches peintes) pour optimiser l'espace disponible et y ranger livres, CD, DVD...

CHAPITRE 5

Un coin téléphone au top

En dehors de l'entrée, et en fonction de l'agencement de vos pièces et des prises téléphoniques, ce coin pourra aussi prendre place dans le bureau, dans le salon…

Rangez à proximité du téléphone un « classeur familial ». Derrière ce nom à l'intonation un peu pompeuse, un principe simple : réunir en un seul endroit toutes les infos dont votre famille peut avoir besoin au quotidien. Numéros de téléphone bien sûr, mais aussi horaires et adresses des activités diverses…

Mettez en évidence en première page, ou grâce à une affichette au mur, les numéros à contacter en cas d'urgence : le vôtre, celui du voisin, celui des pompiers, du Samu… (Pour constituer la liste des numéros d'urgence, voir p. 139.)

Prévoyez aussi un bloc-notes et un stylo… qui marche. C'est l'occasion de vider votre pot à crayons sans mine ou stylos sans encre, et à n'en garder qu'un ou deux. Vous verrez que le bonheur, ça tient parfois à un stylo qui marche au moment où on en a besoin.

CHAPITRE 6

« Et si nous passions au salon ? » (ou à la salle à manger)

Pièces à vivre par excellence, ces deux lieux doivent répondre à de nombreuses exigences : vous y recevez, vous y partagez des moments privilégiés en famille, vous y lisez, vous vous y reposez... À la fois accueillantes et fonctionnelles, ces salles méritent toute votre attention en termes de rangement, car elles abritent généralement une multitude d'objets et doivent néanmoins présenter le plus grand confort visuel.

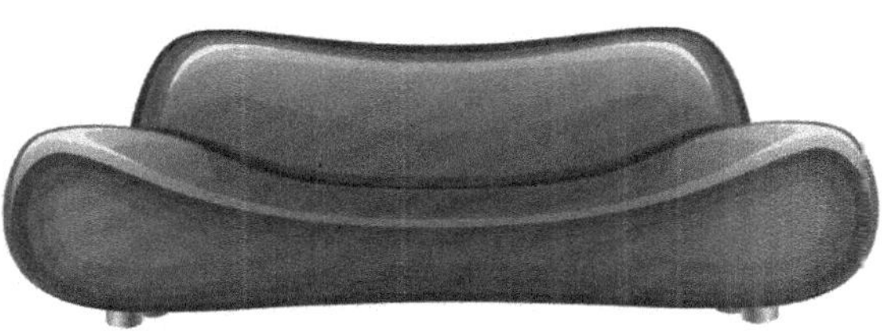

Livres, CD et DVD

Le tri

Si vous croulez sous une montagne de livres, DVD et CD, commencez par faire deux tas : ceux que vous conservez, et les autres.

Concrètement, pour les livres, ne gardez que :

- Ceux que vous adorez, que vous avez l'intention de relire ou que vous aimez feuilleter.
- Ceux que vous avez pour projet de lire.
- Les éditions rares et les beaux livres.
- Les grands classiques.

Tous les autres (déjà lus mais qui ne vous ont pas laissé beaucoup de souvenirs, offerts mais qui ne vous tentent pas...) n'ont rien à faire ici : faites venir un bouquiniste ou troquez-les en organisant des dîners littérature avec des copains !

Version 2.0, de nombreux sites vous proposent de troquer vos bouquins avec un système de points ou librement :

- www.booktroc.com
- http://pochetroc.fr
- www.bibliotroc.fr
- www.trocmybook.com

- www.troctonlivre.com
- http://fr.bookmooch.com

Vérifiez que les CD et les DVD ne soient pas rayés, et si certains n'ont plus de pochette, récupérez celles des CD et DVD endommagés à jeter, ou achetez des enveloppes en papier conçues à cet effet, et notez le nom de l'album ou du film.

Faites de la place dans vos étagères pour vos prochaines acquisitions, en donnant ou vendant ceux qui prennent la poussière.

Gardera, gardera pas ?

Vous hésitez à vous débarrasser de certains CD ou livres ? Vous êtes pris du syndrome du « si je m'en sépare aujourd'hui j'en aurai envie demain » ? Ne vous inquiétez pas, tout va bien se passer. Procédez par étapes, en créant dans un premier temps un carton consacré aux objets épargnés mais pas encore tout à fait sauvés. Déposez le carton au garage, ou ailleurs. Si vous ne l'avez pas ouvert dans les trois mois qui suivent, c'est que vous ne l'ouvrirez jamais.

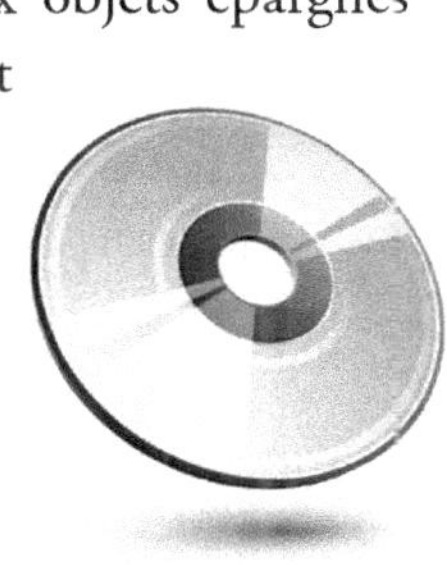

SOS gain de place

• Pour éviter l'accumulation de livres et de CD (et les dépenses inutiles), une méthode simple consiste à les emprunter à la bibliothèque (l'inscription est gratuite dans la plupart des municipalités), et à ne racheter que ceux qui vous ont plu, pour avoir le plaisir de les réécouter, de les relire, de les annoter, et d'en disposer à la maison.

• Pensez aussi à l'option e-book : vous téléchargez l'œuvre de votre choix en version numérique et vous pouvez stocker plusieurs centaines (voire milliers) d'œuvres dans votre liseuse.

Le rangement

Les livres

Mieux vaut regrouper tous vos livres au même endroit, pour éviter la sensation d'accumulation. Si vous souhaitez qu'ils soient rangés dans le salon, consacrez-y un pan de mur en installant ou en fabriquant une étagère.

Contrairement aux livres, les CD et DVD présentent tous le même format et peuvent donc être exposés dans une étagère sans nuire au confort visuel. Si vous avez peu de rangements fermés, privilégiez les étagères avec portes pour les livres.

Pour les livres précieux, préférez aussi un rangement fermé, qui les laissera à l'abri de la lumière, de la poussière, et des manipulations en tous genres…

Les CD et DVD : différentes solutions de rangements

- Les colonnes de rangement pour CD permettent d'en placer une cinquantaine.
- Pensez aussi aux classeurs à CD et DVD : en économisant la place de la pochette, ils se glissent dans les feuilles transparentes et permettent de ranger des centaines de CD ou DVD dans un simple classeur.
- Il existe enfin la solution coffre de rangement, avec des capacités variables, allant jusqu'à 2 000 emplacements de CD et DVD !

Le classement

Le classement visuel

Concernant les livres, nous vous conseillons d'opter pour un classement visuel si tous vos ouvrages sont à portée de vue. Il s'agit d'un rangement soignant l'esthétisme, afin de créer un ensemble harmonieux.

Pour cela, vous pouvez choisir de les ranger par taille, du plus haut au plus bas, par collection (si le nombre de titres par collection que vous avez le justifie), ou par couleur. Les tranches rouges ensemble, les tranches noires ensemble, etc.

L'avantage : votre bibliothèque, même si elle est chargée, parviendra à échapper à l'aspect parfois un peu fouillis des meubles à livres.

L'inconvénient : ce n'est pas la méthode la plus pratique pour remettre la main sur un livre que vous cherchez. À éviter donc si vous êtes souvent amenés à aller fouiner dans vos collections. Si c'est votre cas, préférez un classement rationnel.

Le classement rationnel

Rangement préféré des plus méticuleux, il permet de retrouver en un clin d'œil l'ouvrage de votre choix, grâce à un classement logique. La phase de mise en place peut être un peu fastidieuse, mais une fois que votre organisation est en place, le rangement de nouveaux venus se fera très facilement, et surtout, fini les longues minutes à tenter de retrouver (en vain) le livre qu'on rêve de relire là, maintenant, tout de suite.

À vous de voir le classement le plus logique et le plus pratique, selon le contenu de votre collection de livres, CD et DVD. Il peut s'agir d'un classement :

- Par ordre alphabétique.
- Par genre (Rock/Électro/Classique ou Littérature française/Littérature espagnole/Littérature américaine ou Science-fiction/Drame/Biographie...).
- Les plus grands collectionneurs pourront choisir un classement par ordre d'acquisition, afin de s'offrir en quelques secondes un saut nostalgique en arrière, en écoutant par un dimanche d'hiver le tube qui a bercé leur première année de fac (ou leur premier râteau).

Les petits plus pour vous simplifier la vie

- Créez un « carnet de prêt » (voir p. 44) pour y noter le nom des amis à qui vous avez prêté bouquins, albums ou films. Vous pouvez aussi investir dans un tampon encreur pour annoter la première page de vos livres, afin que vos proches se rappellent qu'ils vous appartiennent. (Avec un stylo, ça marche aussi.)

- Une solution pratique et sympa pour vous souvenir de vos dernières découvertes littéraires, musicales ou cinématographiques consiste à tenir un petit journal dans lequel vous noterez le nom de l'œuvre, la date d'acquisition, un rapide résumé, votre commentaire, et, pour les plus pointilleux, son emplacement dans votre bibliothèque.

Magazines

Ils ont tendance à s'accumuler, prenant de la place et souvent la poussière…

Tri et rangement

Vous voulez faire le vide

Si force est de constater que vous ne remettez jamais le nez dedans après les avoir lus une première fois, inutile de vous encombrer. C'est le cas en particulier des magazines d'actualité, qu'on a rarement besoin de feuilleter à nouveau, contrairement aux magazines spécialisés…

Vous voulez en garder certains

Si vous êtes normand et adepte du « pt'être ben qu'oui, pt'être ben qu'non », voyez en fonction de la place dont vous disposez ceux que vous pouvez objectivement conserver. Une planche de votre étagère est libre et peut accueillir une trentaine de magazines ? Ne gardez que les 30 plus récents. Quand vous en recevez un nouveau, jetez le plus vieux.

Vous voulez tous les garder

Si vous souhaitez les conserver tous, soignez la présentation :

- Regroupés par titres et alignés à l'horizontale ou à la verticale par ordre de parution, ils trouveront une place sur une étagère sans nuire au confort visuel. Placez-les dans votre bibliothèque ou, si vous manquez de place, fixez des étagères de bois peintes dans vos toilettes, par exemple.
- Pensez aussi éventuellement à une disposition au sol : à condition que la hauteur ne nuise pas à la stabilité, vous pouvez procéder par piles bien droites sur un pan de mur, et même uti-

liser les tas ainsi formés comme des petites tables d'appoint pour y poser une lampe, une plante Dans ce cas, prenez juste soin de les poser sur une planche légèrement surélevée, idéalement munie de roulettes, afin de faciliter le ménage.

Pour ne plus vous laisser déborder

Prenez l'habitude à partir de maintenant de découper les articles qui vous intéressent, afin de pouvoir jeter le reste du magazine. Archivez ces articles dans un classeur à intercalaires, selon le sujet : politique/économie/cuisine/déco/psycho…

Do it yourself : des tabourets à base de magazines

(Très largement) inspiré du studio de designers ENO Studio (www.enostudio.net), créez votre propre tabouret à base de magazines en un clin d'œil. Empilez des magazines de même taille, et faites-les tenir ensemble grâce à deux sangles en nylon à cliquets. Ajoutez éventuellement une galette de chaise ou un coussin plat sur le dessus de la pile pour plus de confort : c'est fait ! Réfléchissez bien à son emplacement, car une fois installé, ce tabouret n'est pas des plus légers...

Photos

Mariages, naissances, vacances, premiers pas, week-ends entre amis… heureusement que les photos sont là pour immortaliser ces instants et nous les faire revivre un peu. Mais malgré les avancées techniques énormes en matière de photographie, on n'a encore rien trouvé pour qu'elles se gèrent et se rangent toutes seules, et ce ne sont pas nos tiroirs pleins qui diront le contraire. Pour profiter vraiment de vos plus jolis clichés, un peu de rigueur s'impose.

Commencez par trier vos photos imprimées en vrac

Il est souvent difficile de se rappeler exactement où et quand elles ont été prises, mais faites au plus simple, avec un classement approximatif par périodes ou par événements, en fonction de leur nombre.

N'ayez pas de scrupules à vous séparer des ratées : floues, abîmées, avec des sujets pas vraiment à leur avantage…

Pour l'instant, notez pour chaque tas obtenu la période ou l'événement correspondant (« 2000 », « 1999 – 2001 », « Vacances d'été 2012... » etc.).

Puis, choisissez parmi les options ci-dessous.

Organisez le rangement de vos photos imprimées

En plus de vos anciennes photos imprimées, avant l'ère du numérique, on ne peut que vous conseiller de « donner forme » à vos clichés numériques en les faisant imprimer, et ce pour deux raisons.

1. D'abord il s'agit d'une sauvegarde supplémentaire, au cas où votre matériel informatique planterait.
2. Et surtout, vous aurez un plaisir immense à en profiter ailleurs et autrement que devant votre écran.

Que faire de vos tirages ? Trois options s'offrent à vous, selon le temps dont vous disposez et la relation que vous entretenez aux photos et souvenirs.

L'option soignée : le classeur imprimé

Malgré l'avènement du numérique, rien ne vaut le plaisir de feuilleter des photos « à l'ancienne », dans un joli album. Le plus gros du travail consistera à rattraper votre retard si vous en avez. Après cela, c'est l'affaire de quelques dizaines de minutes de temps en temps, et le jeu en vaut la chandelle.

De nombreux sites Internet proposent la conception d'albums à partir de vos plus jolies photos. Vous pouvez les accompagner de légendes, personnaliser la couverture, le fond…

Si la conception était un peu laborieuse à l'aube de cette technique, tout est aujourd'hui simplifié au maximum. Vous téléchargez les photos de votre choix, vous les disposez dans l'album en un clic, et certains sites disposent même d'un logiciel de mise en page intelligent qui les regroupe par thèmes.

Le gros avantage de cette technique, outre le gain de temps et la qualité du produit, c'est la présentation dans votre bibliothèque. En optant pour les mêmes modèles d'albums à chaque fois, vous obtiendrez une belle rangée toute propre de livres, dont la tranche indiquera la période.

Selon le nombre de photos que vous prenez, vous pouvez consacrer un album par an, par période ou par événement.

Une fois votre retard rattrapé pour les « vieilles » photos qui dormaient dans votre ordinateur, fixez-vous un à quatre rendez-vous annuels (toujours en fonction de votre degré d'addiction à la paparazzade), et notez-les sur votre agenda. Vous pourrez ainsi réaliser régulièrement vos albums avec vos nouveaux clichés, sans vous laisser déborder.

Puisqu'il est impossible (et inutile) d'intégrer à votre album imprimé la totalité de vos clichés, vous pouvez compléter cette méthode par l'option boîtes (voir p. 67).

L'option pratique : le classeur à spirales

Vous n'êtes pas à l'aise avec Internet, ou les prix d'élaboration d'un album imprimé vous semblent trop élevés ? Place au traditionnel classeur à spirales avec les pochettes plastiques compartimentées.

Attention à choisir la bonne dimension de compartiments au moment de l'achat, pour vous éviter d'avoir à redécouper toutes vos photos (et donc à exclure malencontreusement Belle-Maman de tous les clichés de famille).

Vous n'aurez plus ensuite qu'à glisser les photos dans les pochettes classiques, et à ajouter éventuellement quelques légendes d'indications de temps et de lieu.

L'avantage, outre la simplicité d'utilisation : les photos sont bien protégées, et vous pourrez régulièrement compléter l'album ou interposer des photos oubliées grâce à une simple pochette supplémentaire.

L'option pressée : les boîtes

Inutile de vous lancer dans la technique des classeurs si vous savez pertinemment que vous aurez à peine le temps de terminer le premier avant juillet 2027. Un rangement malin, c'est aussi un rangement qui tient compte de vos habitudes et de vos possibilités. Si vous savez que vous ne pourrez pas vous permettre de vous consacrer à des albums photos, suivez cette méthode simple.

Contentez-vous de faire imprimer vos photos préférées régulièrement (notez quelques dates dans votre agenda, à 3 ou 6 mois d'écart, pour y penser). Puis, répartissez-les par périodes en les rangeant simplement dans des petites boîtes.

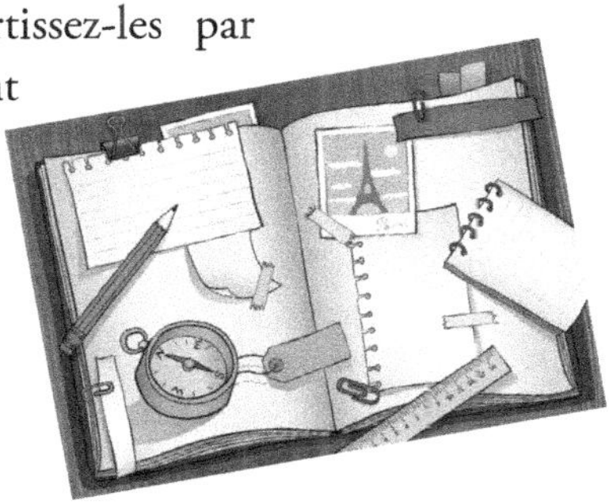

Vous pouvez utiliser des boîtes à chaussures ou des boîtes en carton toutes simples vendues dans les boutiques d'ameublement et de décoration.

Vérifiez seulement les dimensions, pour que les photos rentrent « debout » dans la boîte, à la verticale, et que le couvercle puisse être fermé pour protéger vos clichés de la poussière et de la lumière.

Au sein de chaque boîte, vous pouvez créer des petits intercalaires pour mieux vous y retrouver. Les boîtes ainsi obtenues, peu encombrantes et empilables, peuvent tout à fait trouver une place au-dessus d'une bibliothèque ou sur une étagère. Veillez alors à leur aspect esthétique, en les choisissant dans les teintes de votre salon, ou en les recouvrant de chutes de papier cadeau ou de papier peint.

Pensez également à noter sur la face visible de chacune la période correspondante.

Occupez-vous de vos photos numériques

Avec l'arrivée du numérique, le nombre de photos dont vous disposez a sans doute explosé. On bombarde, on bombarde, c'est bien beau mais on fait quoi, après, de tout ça ?

On archive

Commencez par archiver vos photos numériques sur le disque dur de votre ordinateur, en prenant soin de les classer par année, et éventuellement à l'intérieur par événement. Si vous prenez le temps de remplir les « mots-clés » pour chacun, vous pourrez ensuite effectuer une recherche par sujet de photo (votre petite-amie, votre grand-père, votre chien), par genre (portait, paysage…) ou par lieu.

On sauvegarde

Par mesure de précaution, stockez-les également sur un autre support. Si vous souffrez de « flemmite » ou de « procrastinite » aiguë (ouais, je ferai ça demain), imaginez une seconde qu'en vous réveillant vous découvriez que votre ordi a planté et que vous n'avez plus une seule photo accessible. C'est bon, convaincu ?

Utilisez pour cela un disque dur externe, des DVD vierges, ou un site de stockage de documents.

Les bibelots

Et si on arrêtait de se mettre la pression du « quand même je ne peux pas me débarrasser de ça » ? Si les phrases « C'est maman qui me l'a offert », « Il n'est pas si moche », « Ça peut servir », « Ça ne prend pas trop de place » sont vos principaux arguments, c'est signe que cet objet qui trône sur le meuble depuis des décennies vous encombre !

À l'heure où les loyers augmentent et les surfaces habitables rétrécissent, il n'y a plus de place pour le superflu, ni pour l'excès de sentimentalisme. Votre mère vous l'a offert pour vous faire plaisir ? Si ce n'est plus le cas, ouste, à la poubelle (pas votre mère, hein).

La règle est donc simple : j'ai du plaisir à les (re)garder, je garde, je n'en ai pas, je donne/jette/brûle/vends.

A contrario, il arrive que des objets sans valeur (ni esthétisme, convenons-en) ne puissent aller à la poubelle sans nous déchirer le cœur. Pour ceux-là, on achète des caisses étanches et on les descend à la cave, ou on les met dans des casiers qu'on glisse dans les endroits et recoins peu accessibles donc inusités (derrière une penderie, sur une planche au-dessus d'une porte, sur des étagères dans le garage...).

Vaisselle « des beaux jours »

Si vous n'avez pas de salle à manger ou si toute la vaisselle est rangée dans la cuisine : voir Cuisine (p. 75).

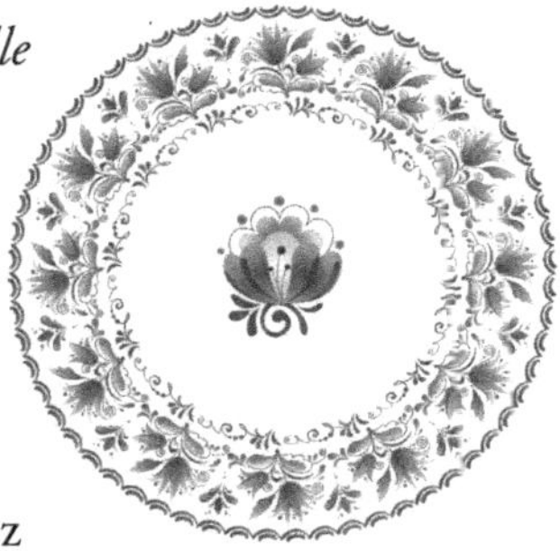

Où la ranger ?

Idéalement, dans la salle à manger : si vous disposez de rangements dans votre salle à manger, c'est logiquement ici que devra se trouver la vaisselle que vous utilisez pour recevoir.

Éventuellement, dans une bibliothèque : la vaisselle des beaux jours est généralement suffisamment jolie pour pouvoir constituer un élément décoratif. N'hésitez pas à placer verres, assiettes et plats dans une bibliothèque ou derrière une vitrine. Quoi qu'il en soit, mieux vaut réserver les rangements fermés à la vaisselle de tous les jours, moins décorative.

Comment la ranger ?

Plats en argent et en métal : empilez-les du plus grand au plus petit, en les intercalant avec une feuille de papier-alu pour éviter qu'ils ne s'abîment et se ternissent.

Plats en faïence et en porcelaine : optez pour le même mode de rangement, mais disposez une feuille de papier cartonné ou des assiettes en carton entre chaque, pour éviter de les rayer.

Couverts en argent et en vermeil : avant de les ranger dans un tiroir, enveloppez-les dans de la flanelle sombre, du papier de soie foncé ou un sac en feutrine afin de les protéger de l'oxydation et de conserver leur brillance.

Verres : les bords des verres sont fragiles. Rangez-les « tête » en haut, en évitant qu'ils se touchent, et recouvrez la planche sur laquelle vous les poserez d'un matériau doux pour éviter les égratignures.

Bon à savoir

La vaisselle des beaux jours, souvent fragile, doit être lavée à la main. Veillez toujours à bien la sécher avant de la ranger, pour éviter l'oxydation.

Linge de table

Où le ranger ?

Rangez votre linge idéalement dans une commode ou des étagères de placard dans la salle à manger. Si vous n'en avez pas, et que tout votre linge de maison est réuni dans un grand placard, étiquetez les étagères afin d'en réserver une ou deux au linge de table.

Comment le ranger ?

Si votre collection en la matière est fournie et que vous avez des ensembles nappes-chemins de table-serviettes, glissez-les par ensembles dans des pochettes ou des housses en plastique. Vous n'en avez pas ? Utilisez des taies d'oreiller ou des housses de coussin usagées, mais notez bien dessus le contenu.

Mémo : éviter les accidents domestiques dans le salon et la salle à manger ⚠

Les accidents domestiques sont à l'origine de 20 000 décès par an en France. Les pièces à vivre, lieux de rendez-vous de toute la famille, méritent une attention particulière.

- Installez une grille de protection devant la cheminée, et faites ramoner cette dernière tous les ans.
- Conservez briquets et allumettes en hauteur.
- Placez sous vos tapis un système adhésif pour éviter les glissades et les chutes des plus petits et des plus anciens.
- Utilisez des cache-prises, des entrebâilleurs aux fenêtres et protégez les angles des tables.
- Attention aux plantes d'appartement, certaines sont toxiques et présentent un danger pour les bébés curieux…
- Évitez les meubles posés devant les fenêtres, si vous avez des enfants en bas âge.

Si votre bureau est dans le salon ou la salle à manger : voir Bureau (p. 157).

CHAPITRE 7

Une cuisine aux petits oignons

Autrefois considérée comme un simple atelier de l'ombre, la cuisine est loin aujourd'hui de sa fonction initiale purement et simplement fonctionnelle. Voilà qu'on lui demande aussi d'être accueillante, conviviale, jolie, puisqu'en plus d'avoir du plaisir à y cuisiner on en a tout autant à y partager des repas en famille et même à y recevoir, à la cool, sans sortir les petits plats dans les grands. Pour en faire à la fois un lieu de vie et une pièce fonctionnelle, son rangement se doit de l'être tout autant.*

* Pour encore plus d'informations sur ce sujet, n'hésitez pas à consulter l'ouvrage *Bien penser sa cuisine, c'est malin* de Catherine Dupin aux éditions Quotidien Malin.

La disposition idéale d'une cuisine

Chaque chose à sa zone, et une zone pour chaque chose

Quelle que soit la taille de votre cuisine, essayez d'accorder une zone déterminée à chacune des activités suivantes, et regroupant ses différents composants :

- **Le nettoyage :** l'évier, le lave-vaisselle, la poubelle, les produits d'entretien…
- **La cuisson :** le four, le micro-ondes, les plaques, les casseroles, les plats…
- **La préparation des aliments :** le plan de travail, les couteaux et accessoires divers, les récipients, les doseurs…
- **La conservation des aliments :** le réfrigérateur, les boîtes hermétiques, les conserves
- **Les accessoires de service :** la vaisselle, salière et poivrière, linge de table, éléments de décoration

La théorie du triangle

Pour limiter les déplacements, les trois éléments majeurs de la cuisine (cuisinière, réfrigérateur et évier) doivent idéalement former un triangle de petite dimension.

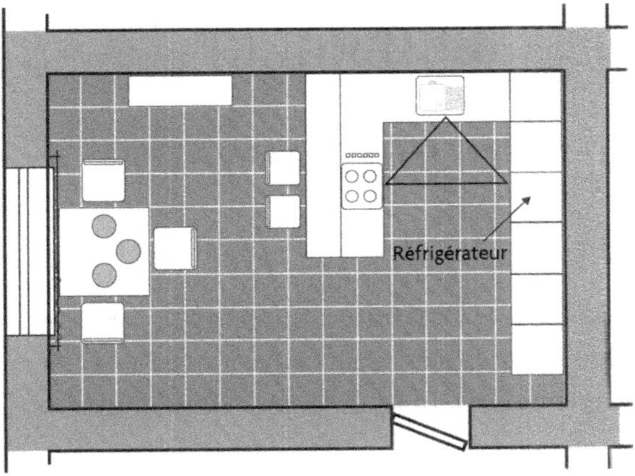

Arrangez-vous pour que rien ne stoppe votre course (enfin c'est une image, vous pouvez aussi marcher) durant ces trois « trajets » : décalez si besoin les poubelles, les petits meubles d'appoint, la gamelle du chien…

Les distances idéales

Pour être à votre aise dans votre cuisine, vous devez disposer de 75 cm devant l'évier, 80 cm devant le réfrigérateur, et 90 cm devant le lave-vaisselle. Entre deux éléments face à face, prévoyez au moins 1,20 m.

La vaisselle

Vous vous en servez plusieurs fois par jour, et ces manipulations répétées imposent que vous trouviez pour votre vaisselle un rangement pratique et facile d'accès.

Première étape, pour y arriver : faire le tri.

Le tri

Éliminer le dépareillé : une assiette verte parmi toutes ces bleues n'a pas sa place ici (et vivra sans doute mieux sa différence dans une usine de recyclage après avoir été soumise au tri sélectif), un verre rond rescapé d'un service n'ayant pas survécu ne sert à rien, de même que trois couverts isolés.

Prévoir juste le nécessaire : pour gagner de la place et ne pas vous encombrer inutilement de votre vaisselle de tous les jours, prévoyez grosso modo trois fois plus de pièces que de membres de la famille. Vous suivez ? Non ? Bon. Concrètement, si vous vivez à 5, prévoyez une quinzaine d'assiettes, et le même nombre de verres, de fourchettes, de couteaux et de cuillères. Si vous vivez à 4, comptez une douzaine, etc.

Le rangement

Où la ranger?

Les 5 critères à prendre en compte:

1. Une règle simple, mais indispensable: rangez toute votre vaisselle (assiettes, verres, couverts) au même endroit.
2. Si vos enfants sont en âge de mettre la table, rangez la vaisselle à un endroit accessible pour eux.
3. C'est fou le temps que l'on peut perdre en microdéplacements inutiles. Si vous avez une grande cuisine et que vous prenez vos repas à cet endroit, simplifiez-vous la vie en vous arrangeant pour que la vaisselle soit à proximité immédiate de la table. Si votre table est dans une autre pièce, prévoyez une desserte (munie de roulettes) pour transporter le nécessaire.
4. Pour des raisons pratiques, la vaisselle doit aussi être rangée à proximité du lave-vaisselle, si vous en avez un, ou de l'évier, le cas échéant.

5. À partir du moment où elle est coordonnée, la vaisselle peut tout à fait être exposée dans la cuisine sans nuire au confort visuel. Si vous avez peu de rangements fermés, réservez-les aux ustensiles de cuisson, et installez votre vaisselle sur des étagères posées ou fixées au mur.

Comment la ranger ?

- Préférez les verres qui s'empilent, pour gagner de la place sur l'étagère.
- Prévoyez une planche par catégorie de produits, et réservez les plus accessibles à la vaisselle la plus fréquemment utilisée.
- Si vous n'avez pas de tiroirs pour les couverts, utilisez un range-couverts seul (si le meuble est fermé) ou répartissez-les dans de simples pots en Inox (à poser sur une étagère ouverte).
- Évitez les double-rangées, à moins de réserver celles du fond à la vaisselle utilisée plus rarement.

Les ustensiles de cuisson : plats, casseroles...

Le tri

• Avant toute chose, faites un tri efficace en tenant compte objectivement de vos habitudes culinaires : un ensemble de 12 casseroles offert par Belle-Maman (qui espérait passer un message), c'est bien, sauf si vous n'avez pas le temps/ l'envie de cuisiner.

• Donnez ou vendez les doubles exemplaires du même format.

• Jetez les plats ébréchés, les casseroles brûlées

• Parmi les accessoires de cuisson, il y en a sans doute que vous utilisez peu : tajines, appareils à raclette ou pierrades, marmites pour 36 personnes Reléguez-les au garage ou à la cave, si vous en avez, ou placez-les tout en haut des meubles de cuisine, avec une rallonge électrique en prévision, dans un bac en plastique étiqueté.

Le rangement

Où les ranger ?

Déterminez une zone « cuisson » dans votre cuisine, qui regroupera tous les accessoires dédiés : marmites, casseroles, plats à tarte et à gratins, moule à gâteaux…

Idéalement, situez ce rangement à proximité du four et des plaques, ainsi que du micro-ondes.

Comment les ranger ?

Les plats

Empilez-les simplement, du plus grand au plus petit. Utilisez éventuellement la profondeur des placards pour y ranger les plats que vous utilisez moins souvent.

Pensez aux moules silicone, grands gagnants dans la catégorie « gain de place ».

Les casseroles

Si vous avez des casseroles classiques (sans manche amovible), choisissez l'option empilage. Une solution simple mais pas toujours pratique si vous en possédez beaucoup, car la pile a vite fait de prendre de la hauteur, et la casserole dont on a besoin est toujours celle du dessous.

Si elles sont assorties et en bon état, fixez des crochets (ou une barre en inox dotée de crochets) et suspendez-y les casseroles. Ou accrochez sur le mur un treillis (pas le pantalon, le support à maille utilisé dans les jardins) ou un panneau perforé sur lequel vous pourrez ajouter de nombreux crochets. En plus, c'est autant de place gagnée dans les rangements fermés !

Si vous disposez d'un support aimanté (pan de mur, frigo), sachez qu'il existe des aimants capables de supporter 2 à 3 kg, et qui, ornés d'un crochet, pourront accueillir quelques casseroles.

Mention très bien pour les kits de casserole avec manche amovible : les bols des casseroles s'empilent, du plus gros au plus petit, et le gain de place est considérable.

Les couvercles de casseroles

Plusieurs options s'offrent à vous afin d'éviter de sombrer dans la dépression :

- Si la taille de votre placard ou du tiroir à casseroles le permet, utilisez un serre-livres dans lequel vous disposerez les couvercles.
- Vissez un « rack » sur le mur ou dans la porte du placard : ce support horizontal permet de coincer les couvercles à la verticale.

Do it yourself: accroche-couvercles

Fixez deux vis, de part et d'autre de la porte de votre placard. Prenez de la ficelle et accrochez les deux extrémités aux vis, de façon à ce qu'elle soit tendue. Le couvercle pourra se glisser derrière la corde, maintenu par sa poignée. Renouvelez l'opération autant de fois que nécessaire (et autant de fois que vous le permet la hauteur de votre placard).

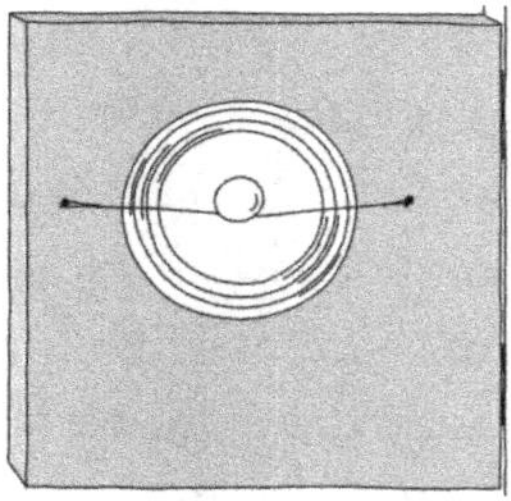

Les ustensiles divers (louches, ciseaux...)

Le tri

Comme toujours, commencez par un tri draconien : débarrassez-vous des ustensiles en surnombre, du matériel détérioré, de celui dont vous ne vous êtes jamais servi. Autrement dit, jetez vos sept louches en trop, cette paire de ciseaux qui ne coupe que les emballages de gruyère râpé et cette chose informe dont vous n'avez toujours pas compris le fonctionnement (ni la fonction).

Le rangement

- **Les beaux:** s'ils présentent une harmonie dans leur look (Inox, noir, rouge), suspendez-les à des crochets placés au-dessus du plan de travail, ou utilisez une barre aimantée, ultra-pratique pour accrocher couteaux, fouets et autres ustensiles.
- **Les «pas beaux»:** placez-les dans un tiroir, en prenant soin de compartimenter. Vous pourrez aussi y ajouter les couteaux à huîtres, pinces, pics...
- **Les plus utilisés:** il est pratique de garder à portée de main les ustensiles qu'on utilise le plus souvent, surtout quand lesdites mains sont grasses de beurre, collantes de sucre ou farineuses de farine. Pour cela, prévoyez une sélection d'une dizaine d'accessoires (cuillère en bois, spatule, louche, fouet) et placez-les dans des pots en céramique, en polypropylène ou en métal. Ces bocaux peuvent aussi être fixés au

mur ou suspendus à des crochets, pour libérer de la place sur le plan de travail.

Les aliments

À moins de disposer d'une arrière-cuisine ou d'une zone du garage pouvant recueillir les provisions, les aliments s'entassent vite dans la cuisine, nuisant à la sensation d'ordre et à la praticité du lieu.

Adopter les bons réflexes tri et conservation

• Adaptez la fréquence de vos courses à vos possibilités de stock: inutile de faire un ravitaillement tous les 15 jours si vous n'avez pas la place suffisante pour conserver vos denrées alimentaires.
• Vérifiez les dates de péremption de vos vieilles boîtes de conserve qui ont élu domicile au fond du placard. Jetez celles qui sont périmées. Réservez pour la banque alimentaire (ou votre belle-mère) cette choucroute en conserve que vous vous promettez d'utiliser tous les

dimanches depuis 7 ans (si elle est encore bonne, cela va de soi).

- Pour une meilleure conservation des aliments secs, transvasez-les dans des boîtes hermétiques transparentes. Cette solution offrant un très bon confort visuel, vous pourrez libérer de l'espace dans vos placards fermés et laisser ces boîtes sur des étagères ouvertes.
- Pensez à étiqueter les boîtes pour y reporter le temps de cuisson si nécessaire (pâtes, riz), et notez également la date de péremption des aliments contenus.
- Punaisez à l'intérieur de la porte du placard ce petit mémo des durées de conservation des principaux aliments secs :

Combien de temps ça se conserve ?

- Les aliments en conserve : 2 à 5 ans
- Les céréales : 6 mois
- Les féculents : 1 an
- Les épices : 6 à 12 mois
- Les farines : 3 à 6 mois
- Les légumes secs : 1 an
- Les herbes séchées : 6 mois
- Les condiments : 1 an

Compartimenter

- Regroupez les aliments par catégorie, afin d'y accéder plus facilement : salé, sucré, mais aussi boîtes de conserve, féculents, aliments pour la pâtisserie, nécessaire à petit déjeuner
- Prévoyez des grosses boîtes en plastique pour le nécessaire à petit déjeuner et à goûter, vous gagnerez un temps précieux en sortant tout en même temps au moment voulu.
- Rangez également les sachets (levure, sucre vanillé) dans un pot ou un panier.
- Placez au même endroit tout le nécessaire pour faire une vinaigrette et aromatiser les plats : condiments (attention, la moutarde entamée se conserve au frais), huiles, épices et petites herbes. S'ils sont exposés à la vue, transvasez-les dans des jolies bouteilles et des pots en plastique étiquetés.
- Si les épices sont rangées dans un tiroir, pensez à étiqueter le couvercle ou à écrire directement dessus, afin de choisir celui qui vous convient sans sortir les 27 autres avant.

Do it yourself: un rangement malin pour les épices

Prenez une planche d'étagère et fixez sur le dessous de la planche, à l'aide de vis, des couvercles de petits bocaux en verre. Vous n'avez plus qu'à visser les pots remplis d'épices sous les couvercles correspondants ! Le dessus de l'étagère peut quant à lui être utilisé pour les huiles et vinaigres.

Le frigo

Le nettoyage

Profitez du rangement pour effectuer un grand ménage dans votre réfrigérateur. La bonne nouvelle, c'est que c'est plutôt rapide : avec un mélange moitié vinaigre blanc moitié eau chaude, on frotte avec une éponge ou un chiffon et on sèche au chiffon propre. La mauvaise nouvelle, c'est qu'il faut recommencer au moins une fois par mois. (En lot de consolation, vous gagnez le droit d'en profiter pour dégivrer régulièrement votre frigo et diviser par deux votre consommation d'électricité pour ce poste.)

Le rangement des aliments

Pour remplir votre frigo, sachez que la température, à moins de posséder un modèle à froid brassé ou ventilé, n'y est pas la même partout. Pour une conservation optimale des aliments, vous devrez donc les répartir selon un ordre précis.

Les étapes à respecter

Procédez par ordre alphabétique, en mettant donc la Crème juste après le Beurre et juste avant les Dés de jambon. Non, c'était juste pour voir si vous suiviez.

Suivez plutôt cette liste de répartition des ingrédients en fonction des zones.

- *La zone froide (0 à 3 °C) :* elle est en général située en bas du frigo mais suivant le positionnement des aérations, elle peut aussi être en haut. Consultez votre notice ou prenez la température de cet étage (voir encadré plus bas).
  - Banco pour : la viande et les poissons (en particulier s'ils sont crus), les laitages entamés, la charcuterie, les produits à décongeler…
- *La zone fraîche (4 à 6 °C) :* elle est en général située en haut du frigo, mais… (complétez la phrase si vous avez suivi).
  - Banco pour : les pâtisseries, les légumes et fruits cuits, les plats cuisinés, les restes…
- Le bac à légumes (moins de 10 °C)
  - Banco pour : les fruits, les légumes, les fromages en cours d'affinage (et les bières…).
- La zone tempérée : la porte (6 à 8 °C)

– Banco pour : les œufs, le beurre, la confiture, les condiments, les boissons…

T'as de la fièvre, non ? Comment prendre la température de son frigo

Remplissez un verre d'eau et plongez-y un thermomètre. Placez-le dans le premier étage de votre réfrigérateur, et attendez une demi-heure pour lire la température. L'avantage de cette méthode par rapport à celle consistant à poser simplement un thermomètre dans le frigo : vous pourrez alors estimer plus précisément la température des aliments et non de l'air du réfrigérateur. Puis renouvelez l'opération dans les autres zones du frigo !

Le congélo

Les bons réflexes conservation

• En plus des congelés achetés en supermarché, cuisiner à l'avance et congeler vos plats représente un gain de temps considérable. Utilisez pour cela des sacs de congélation ou des boîtes hermétiques.

• Les appareils de mise sous vide améliorent et augmentent considérablement la qualité de conservation des mets tout en réduisant la place des aliments dans le congélo.

• Prenez l'habitude, en congelant un produit, de noter la nature du mets (courgettes, mélange pommes de terre carottes, ratatouille) et la date de congélation.

• Pour les produits que vous congelez vous-même, aimantez sur la porte du congélateur ce petit « mémo conservation » :

Combien de temps je les garde ?

- Poissons : 3 à 5 mois
- Porc, agneau, veau : 6 à 8 mois
- Fruits et légumes : 8 à 10 mois
- Bœuf, volaille, gibier : 12 mois

Les astuces rangement

• Si vous avez plusieurs tiroirs, compartimentez par « phases » du repas : entrées, plats et accompagnements, puis fromages, desserts et pains.

• Prévoyez à proximité du frigo et du congélateur un placard ou un bac contenant des boîtes hermétiques (avec couvercles, sinon ça ne sert à rien!), des sacs congélation et un stylo pour y écrire, du papier-alu et du papier sulfurisé. Prévoyez aussi quelques bacs de glace vides en plastique avec leurs couvercles: ils vous seront utiles à chaque fois que vous voudrez donner quelques restes à des amis après une fête (sans sacrifier la boîte que vous ne reverrez jamais), transporter de la nourriture pour un pique-nique ou apporter une mousse au chocolat lors d'un dîner

Les recettes

Le tri

- Commencez par faire un tri dans vos livres de recettes: si une seule ou deux des recettes proposées dans un manuel vous plaisent, photocopiez-les et donnez, jetez ou vendez le livre, selon son état.
- Glissez les photocopies dans un classeur de recettes avec des intercalaires (apéritifs, entrées, viandes...). Vous pourrez aussi y imprimer les recettes trouvées sur le net. Prévoyez quelques

feuilles vierges : vous y noterez, quand vous recevez des amis, la date, le nom de vos invités et le mets réalisé Histoire d'éviter de servir quatre fois de suite votre verrine crevettes-pamplemousse aux Dupont.

• N'hésitez pas aussi à annoter les recettes avec vos appréciations, vos remarques, les petites modifications apportées

Le rangement

• Ce classeur ainsi que vos livres pourront être rangés sur une étagère de la cuisine : attention à ne pas la placer à proximité de la zone de cuisson, ils pourraient vite graisser et recevoir les vestiges de vos lardons à l'huile.

• Si vous manquez de place dans la cuisine, placez-les dans la bibliothèque du salon ou de la salle à manger.

• Prévoyez pour la cuisine un lutrin, afin de maintenir votre livre droit quand vous cuisinez. Il existe des modèles pliables à la façon d'un livre, et pouvant donc être rangé comme les autres quand vous ne l'utilisez pas.

• Sinon, pour les plus high tech, il existe une tablette dédiée aux recettes de cuisine qui remplit à lui seul toutes ces fonctions : le Foodle.

Le matériel de nettoyage

À quel endroit dans la cuisine ?

• Il doit se situer idéalement dans la zone de nettoyage, donc à proximité de l'évier.

• Les placards sous l'évier peuvent être utilisés à cette fin, à condition, si vous avez des enfants, d'ajouter un système de fermeture.

• Vous manquez de rangements dans la cuisine ? Rendez-vous aux toilettes (enfin, façon de parler, au chapitre Toilettes, p. 45).

Comment organiser le placard ?

• Afin de pouvoir disposer rapidement de tout le matériel dont vous avez besoin pour le ménage, posez le tout dans un seau, empilé dans un autre, qui vous servira au nettoyage des sols.

• Rangez dans ce même placard les serpillières et chiffons, les produits ménagers, ainsi qu'une petite réserve de torchons et essuie-mains.

• Le produit vaisselle, les éponges, les gants, les goupillons et tout ce dont vous aurez besoin plusieurs fois par jour doivent être plus accessibles : placez-les sur la planche plus haute du placard par exemple.

• Fixez des crochets sur la partie extérieure des portes du placard, pour y suspendre torchons et essuie-mains dont vous vous servez actuellement. (Pensez à les changer deux fois par semaine, ce sont de vrais nids à bactéries !)

• À l'intérieur des placards, glissez une poubelle trieuse double ou triple pour organiser le tri sélectif.

Mémo : éviter les accidents domestiques dans la cuisine ⚠

Attention, cette pièce est la plus propice aux accidents domestiques, et quelques précautions s'imposent.

• Placez vos couteaux et objets tranchants (accessoires de mixeur, etc.) en hauteur.

• Utilisez les systèmes antiouverture (efficaces jusqu'aux 3 ans de l'enfant environ) sur vos placards contenant des objets dangereux ou des produits ménagers, et sur vos tiroirs s'ils ne sont pas équipés de systèmes de freinage.

• Attention à la poubelle ! Souvent à portée de main des enfants, ils risquent de s'y aventurer par curiosité. Ayez le réflexe de placer des objetscoupants (boîte de conserve ouverte, par exemple) bien au fond.

• Pensez à mettre hors de portée des enfants briquets et allumettes.

• Pour éviter les intoxications alimentaires, en plus de vérifier régulièrement les dates de péremption,

→

soyez attentifs à respecter la chaîne du froid, en ne laissant pas les produits frais trop longtemps hors du réfrigérateur.

- Vérifiez toujours la température des biberons et plats sortant du four.
- Pour éviter les brûlures, sachez aussi qu'il existe des barrières de sécurité à installer devant la gazinière.
- Pensez aussi à la chaleur du four : encastrez-le en hauteur ou choisissez un modèle à porte froide. Il existe également des plaques de protection à coller sur la paroi pour isoler de la chaleur.
- Prenez le réflexe de tourner les queues de vos poêles et casseroles vers l'intérieur, et de les poser dans l'évier après chaque utilisation, quand elles sont encore chaudes.
- Attention aussi au fameux « sac à sacs », servant à entasser les sacs en plastique. Accrochez-le en hauteur, il représente pour Bébé un risque auquel on ne pense pas toujours.
- La cuisine est propice aux courants d'air car les fenêtres y sont souvent ouvertes : équipez-vous de systèmes de bloque-portes, pour éloigner les risques de pincements dans les portes...
- D'une manière générale, n'autorisez pas votre enfant à aller dans la cuisine quand vous n'y êtes pas, et installez une barrière de sécurité comme celle pour les escaliers afin d'éviter que Bébé ne s'y aventure seul. Et quand vous vous y activez, laissez votre enfant à côté de vous dans sa chaise haute, à l'abri de tous les dangers !

CHAPITRE 8

Mise en beauté de la salle de bains

L'espace y est souvent restreint et, à moins de disposer de plusieurs salles de bains dans la maison, toute la famille y défile au moins deux fois par jour. Sans un rangement et une organisation appropriés, la salle d'eau peut vite devenir salle de chaos. Lieu de passage rapide (le matin, entre 7 h 35 et 7 h 37) ou de détente absolue (le soir, à partir de 21 heures), dans les deux cas cette pièce doit répondre à des exigences de praticité et de confort. Nos conseils pour vous y ressourcer et non vous y énerver.

Le linge de bain

Le tri

On a parfois tendance à accumuler le linge de bain, sous le prétexte idéal que « ça peut toujours servir ». Or, force est de constater que nos 72 serviettes ne servent pas toutes, justement. Ne vous encombrez pas inutilement, et calculez exactement ce dont vous avez besoin. Pour cela, comptez :

- deux grandes serviettes et deux petites par personne, les premières pour le corps, les autres pour les cheveux ; les serviettes peuvent être utilisées une semaine, et vous pourrez vous servir de la seconde parure le temps de laver la première ;
- prévoyez également deux à cinq parures supplémentaires pour les invités, en fonction de vos habitudes de réception à la maison ;
- comptez quatre tapis de bain, pour pouvoir les changer régulièrement.

La bonne idée

Utilisez un code couleur pour que chaque enfant sache quelle serviette est la sienne. Et ne prenez que des nuances claires ou que des nuances foncées, afin de faciliter le lavage hebdomadaire, en les mettant toutes au lave-linge en même temps sans risquer les accidents de couleur.

Le rangement

- L'idéal est de leur trouver une place dans la salle de bains : si vos serviettes ne sont pas coordonnées, pliez-les soigneusement et rangez-les dans un placard fermé.
- Si elles sont assorties et dans les nuances de la salle de bains, fixez simplement une étagère en hauteur pour les empiler.
- Si vous avez assez de place au sol, vous pouvez aussi les rouler et les placer dans un grand panier ou une corbeille.
- Si votre salle de bains est exiguë, rangez vos serviettes dans un placard ou une commode, de préférence à proximité de la salle de bains.

Pour les serviettes en cours d'utilisation

Si vous avez des enfants, et pour ne pas crouler sous une pile de serviettes sales, donnez-leur une parure de serviettes (une grande et une petite) par semaine.

Après utilisation et pour bien sécher, ces serviettes devront être accrochées sur un porte-serviettes à poser, ou à suspendre si vous manquez de place au sol.

Une astuce recyclage sympa : utilisez une échelle, posée contre un mur, pour y suspendre et faire sécher vos serviettes.

Le petit plus : fixez des crochets à la porte pour y laisser pyjamas et robes de chambre : vous aurez tout à portée de main au moment du couchage des enfants.

Les jouets de bain

L'entretien

Les jouets de bain ont tendance à conserver de l'eau, qui, au bout d'un moment se transforme en moisissure. Difficile d'en venir à bout quand elle est installée : si besoin, jetez les jouets endommagés pour repartir sur de bonnes bases avec les neufs.

Les bonnes habitudes à prendre :

- idéalement, videz-les et essuyez-les après chaque utilisation ;
- de temps en temps, lavez-les à fond en les faisant passer au lave-vaisselle ou au lave-linge, après les avoir glissés dans une taie oreiller pour ne pas endommager le tambour et limiter le boucan ;
- autre option : les plonger dans un seau d'eau avec des pastilles de stérilisation à froid.

Le rangement

Vous glissez régulièrement dans votre baignoire sur un canard qui fait « pouet » ? Il est temps d'agir.

Pour éviter les moisissures, les jouets de bains doivent être disposés dans un contenant pouvant laisser s'écouler l'eau.

Les filets adaptables sur le bord de la baignoire s'avèrent être la meilleure solution. Le filet peut être orienté vers l'intérieur de la baignoire quand vos enfants y sont, et vers l'extérieur, pour gagner de la place, quand c'est à vous d'en profiter (sauf si vous rêvez de tester ce dragon cracheur).

Certains « filets hamac » sont munis d'un système de ventouses pour être accrochés au mur.

7 mystères insondables dans la salle de bains

1. Pourquoi y a-t-il toujours plus de brosses à dents dans le verre que de membres dans la famille ?
2. Ce pull crème à pois noirs, je le lave avec le blanc ou la couleur ?
3. Comment font ces gens chez qui le fond du verre à dents est propre ?
4. Pourquoi tout ce qu'il y a de meilleur dans la vie, comme les douches trop chaudes, est-il toujours déconseillé ?
5. Pourquoi n'y a-t-il que dans les films que les hommes écrivent « Je t'aime » au rouge à lèvres sur le miroir de la salle de bains ?
6. Pourquoi le dentifrice pour enfants est-il toujours fluo et dur à enlever ?
7. Pourquoi la parfumeuse m'a-t-elle donné un échantillon de crème antirides ?

Les accessoires

Classer

Par thématique, pour vous y retrouver plus vite : coiffage (brosses, barrettes, sèche-cheveux…), hygiène (Coton-Tige, cotons démaquillants…), maquillage, soins…

Par membre de la famille : utilisez un tiroir ou une planche d'étagère par membre de la famille, en réservant les plus basses aux enfants.

Compartimenter

Pour ranger les accessoires de toilette, utilisez vos tiroirs si vous en avez, et ajoutez des compartiments.

Le cas échéant, exploitez vos étagères en disposant des petits contenants : corbeilles, paniers, bacs…

Les cosmétiques et le maquillage

Marre de confondre votre rouge à lèvres avec votre tube de mascara ? Marre de vous maquiller les joues avec de l'éosine ? Un grand ménage de printemps s'impose.

Classement et rangement

Pour ne pas altérer vos produits, évitez de les placer à côté du radiateur ou d'une autre source de chaleur (sèche-linge, etc.).

Si vous disposez d'assez de place, l'idéal est d'avoir à portée de main et de vue l'ensemble de vos produits de maquillage, classés par types : fonds de teint et poudres, fards à paupières, crayons et mascaras, rouges à lèvres et gloss… Utilisez pour cela des jolies boîtes ou des corbeilles souples.

La solution gain de place : une grande boîte contenant tout votre maquillage et un pot ou un verre pour les crayons, pinceaux, tubes de mascara…

Si tout ne rentre pas, empilez deux boîtes : l'une, au-dessus, contenant les produits que vous utilisez au quotidien, l'autre, en dessous, ceux dont vous vous servez plus rarement.

Conservation et péremption

On a tendance à l'oublier, mais le maquillage et les cosmétiques aussi se périment.

Voici les bons réflexes à adopter.

- **Faites le tri régulièrement,** en observant le nombre de mois indiqué sur l'emballage, à l'intérieur du petit symbole représentant un pot ouvert : un petit bémol cependant, il ne s'agit pas d'une date précise à laquelle les bactéries se donnent rendez-vous, mais d'un délai à partir duquel les conservateurs arrêtent d'agir… Et où les bactéries ont donc un accès plus libre pour proliférer. Elles se développent plus facilement dans les milieux contenant de l'eau : vos rouges à lèvres sont donc plus vulnérables que vos fards à paupières secs. Mais le meilleur juge reste votre nez et vos yeux : si l'aspect et la couleur ne semblent pas altérés, aucun souci ! Attention si vous souffrez souvent de conjonctivites, d'herpès ou d'autres infections : veillez à changer régulièrement vos mascaras et rouges à lèvres.

• Les accessoires de maquillage aussi peuvent héberger (gracieusement) des bactéries. **Lavez régulièrement vos pinceaux:** idéalement tous les jours pour les ustensiles destinés au teint (pinceau à blush, à poudre, à fond de teint...), mais au moins une fois par semaine. Pour les pinceaux à fards et à lèvres, un lavage rapide quotidien permet de ne pas mélanger les couleurs, un nettoyage tous les quinze jours est essentiel pour éviter la prolifération de bactéries! Utilisez pour cela un shampooing doux ou un mélange eau + un peu de vinaigre blanc.

• **Évitez de mettre vos doigts dans les pots de crème:** prélevez plutôt la dose nécessaire avec une petite spatule. Vous pouvez utiliser par exemple les « touillettes » données avec les cafés dans les bistrots. Laissez-en un petit stock à côté de vos pots de crème.

• **Voici la durée moyenne de conservation,** après ouverture, des principaux accessoires de maquillage:

Je garde mon maquillage combien de temps ?

- Mascara : 3 à 6 mois
- Fond de teint et anticernes : 6 à 12 mois
- Fard à joue et ombre à paupières crème : 6 à 12 mois
- Fard à joue et ombre à paupières en poudre : 1 an
- Crayon yeux ou lèvres : 2 ans
- Eye-liner liquide : 6 mois maxi
- Rouge à lèvres : 1 an
- Vernis à ongles : 2 ans

La bonne idée

Dans votre pot à crayons, déposez un feutre indélébile afin de noter sur vos produits la date à laquelle vous les entamez. Vous pourrez ainsi savoir à quel moment il risque de s'altérer.

Les « indispensables »

Si vous n'êtes pas une pro du pinceau/vous ne vous maquillez pas tous les jours/vous vous servez toujours des mêmes choses, gardez uniquement :

- un fond de teint
- une éponge à fond de teint

- deux fards à paupières (un pour tous les jours, un pour le soir)
- un crayon ou un eye-liner
- un blush
- une poudre libre matifiante
- une poudre de soleil
- un mascara
- deux rouges à lèvres (un pour tous les jours, un pour le soir)
- un anticernes

Les échantillons

Vous ne savez plus quoi faire de vos échantillons ? Vous partez du principe que « c'est bête de les jeter » ? Ce n'est malheureusement pas beaucoup mieux de les garder sans s'en servir.

Commencez par jeter tous vos vieux échantillons, certains datent sûrement de plusieurs années. Utilisez les autres selon l'une (ou les quatre) des idées suivantes.

- Disposez les échantillons de parfum qui ne vous plaisent pas dans les toilettes. (Qui n'a jamais rêvé de désodoriser ses toilettes avec du parfum à 100 € la bouteille ?)

• Constituez-vous une mini-trousse pour les déplacements d'une nuit, avec quelques échantillons de crème de jour et de nuit, de gel douche et de shampooing, de fond de teint et d'anticernes…
• Glissez en aussi quelques-uns dans votre sac à main : crème hydratante, lotion démaquillante, échantillon de fond de teint en cas de virée nocturne imprévue
• Pour le reste, rangez-les dans une petite corbeille, et placez-la dans la chambre d'amis si vous en avez une, ou dans le placard contenant les parures de lit et le linge de bain réservés aux invités. Ils seront contents de disposer, en cas d'oubli, d'un échantillon de crème ou de dentifrice, d'un mini-flacon de parfum ou d'un joli fond de teint !

Votre armoire à pharmacie se trouve dans la salle de bains ? les pièces humides ne sont pas idéales pour la conservation des médicaments. Retrouvez tous nos conseils p. 136.

Linge propre, sale, etc. : voir Buanderie (p. 129). Si vos toilettes sont dans la salle de bains : voir Toilettes (p. 45).

Mémo : éviter les accidents domestiques dans la salle de bains ⚠

- Un enfant peut se noyer en quelques secondes dans 20 cm d'eau seulement : s'il est bien un endroit où vous ne devez pas le quitter des yeux, c'est dans son bain ! Pensez donc à garder à portée de main tout ce dont vous pourrez avoir besoin (serviette, pyjama...).
- Pour éviter les brûlures, faites régler la température à 50 °C max, et installez des mitigeurs.
- Attention aux appareils électriques (sèche-cheveux, radiateur d'appoint...) à proximité des sources d'eau.
- Pour éviter les glissades, posez un tapis antidérapant dans la baignoire et un tapis de bain juste devant, pour en sortir en toute sécurité. Pour les plus grands (et en particulier les personnes âgées), vous pouvez aussi poser des barres de maintien pour sortir du bain (à fixer ou munies de ventouses).
- Vérifiez systématiquement la température du bain avec un thermomètre pour les plus petits, puis en y trempant votre coude.
- Rangez les objets tranchants (rasoirs, ciseaux...), les cosmétiques mais aussi les shampooings, gels douche, etc. hors de portée des plus petits, pour éviter les risques de blessures ou d'intoxication.
- Si c'est dans cette pièce que vous rangez les médicaments, stockez-les dans une armoire en hauteur et fermée à clés.

CHAPITRE 9

La chambre des enfants

C'est leur monde, leur univers, leur refuge, leur antre… Mais dans laquelle vous aimeriez réussir à entrer, de temps en temps, sans vous heurter à une montagne de jouets ou glisser sur un train en bois caché sous un paquet de livres. Une chambre d'enfant reste une chambre d'enfant, et l'idée n'est pas d'en faire une pièce rangée au centimètre près. Mais vos enfants profiteront mieux de leur pièce et de leurs jouets dans un environnement confortable et ordonné.

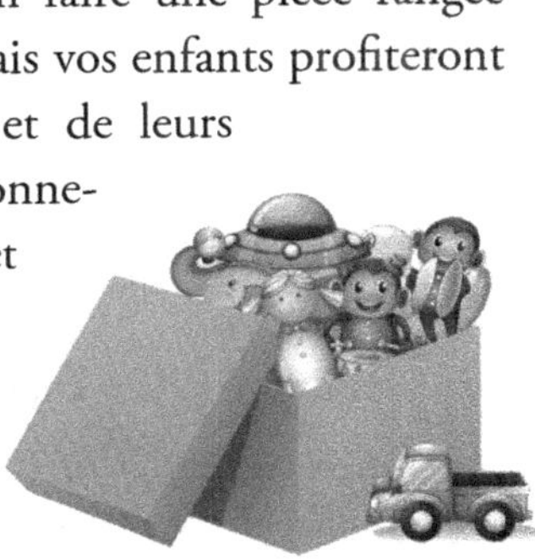

Jouets

La chambre de vos enfants ressemble à un magasin de jouets (vandalisé) ? Pas de panique, on ne dirait pas comme ça, mais vous allez pouvoir venir à bout de ce bazar, à condition de respecter quelques étapes.

Le tri

On jette…

• Les jouets cassés. Profitez de ce tri pour faire des tests sur les jeux électroniques, avec des piles neuves. C'est une bonne chose de faite pour les jouets qui marchent, et c'est direction poubelle pour les autres.

• Les jouets incomplets (puzzle, jeux de société…).

• Les papiers, mouchoirs, dessins tout chiffonnés…

• Les feutres qui ne marchent plus, ceux sans bouchon…

On met dans des cartons…

Les jouets pour lesquels vos enfants sont trop grands, ceux avec lesquels ils ne jouent plus, ceux dont ils ne se sont jamais servi… À partir de 5 ans, votre enfant peut se joindre à vous pour ce tri (dans ce cas, voir notre encadré).

On divise ces jouets en deux catégories :

1. Ceux que vous (ou votre enfant) voulez garder en souvenir : direction la cave ou le grenier.
2. Ceux que vous (ou votre enfant) souhaitez vendre ou donner.

Faire du tri avec son enfant, mode d'emploi

Découvrez 8 astuces pour un tri efficace, sans larmes et sans regrets.

1. **Pas de chantage !** Évitez la méthode de la carotte, façon : « Si tu jettes tous tes jouets tu en auras plein de nouveaux. » Les enfants ont une très bonne mémoire.
2. **Pas de punition.** Ne présentez pas ce tri comme une punition (« Tu n'avais qu'à mieux ranger »), mais comme un moyen d'avoir une chambre plus jolie, plus agréable à vivre.
3. **Demandez-lui son avis.** Ne vous lancez pas seule dans ce tri, pendant qu'il est à l'école, par exemple. Certains jouets peuvent vous paraître insignifiants (comme cette ex-peluche qui n'en est plus vraiment une) mais avoir beaucoup d'importance pour votre enfant. Inversement, une

→

voiture télécommandée dernier cri peut ne pas l'intéresser plus que ça.

4. **Constituez un carton « souvenirs ».** Certains jouets ne lui servent jamais mais il refuse de s'en séparer ? Peut-être ont-ils pour lui une grande valeur affective. Réunissez-les dans un carton et expliquez-lui que vous les mettez à la cave. Il sera toujours temps plus tard de revenir dessus et de jeter… Ou de garder !
5. **Attention : rivalité !** Ne refourguez pas à la petite sœur ou au petit frère la poupée ou la figurine dont l'aîné ne se sert plus, à moins d'avoir son accord clair (avant ou après négociations et discussions). Sinon, c'est le meilleur moyen d'attiser la jalousie et de créer les conflits.
6. **Laissez le temps faire son œuvre.** Pour les enfants, les expériences de séparation, même avec un jouet, sont importantes à respecter. Essayez de faire ce tri en plusieurs fois : placez par exemple dans la chambre une corbeille dans laquelle il pourra déposer son butin au fil des jours, changer d'avis, échanger, revenir en arrière. Puis, le jour J, regardez ensemble le contenu du bac et assurez-vous qu'il n'y aura pas de regrets !
7. **Chouette, je grandis !** Pas la peine non plus d'en rajouter dans le côté : « Tu dis au revoir à tes jouets » et autres conseils pleins de bonnes intentions mais, au résultat, plus déchirant qu'autre chose. Expliquez-lui plutôt qu'il a adoré

→

ces jouets pendant une période, qu'ils ne sont plus aujourd'hui importants pour lui, et que c'est la preuve qu'il grandit !

8. **Laissez-le décider...** de l'avenir de ses jouets. Les donner à une association pour que d'autres enfants puissent à leur tour en profiter ? Ou les vendre (dans des dépôts ou sur Internet) et glisser l'argent récolté dans une petite tirelire pour s'offrir un petit plaisir ?

Le rangement

Dans cette pièce souvent encombrée, un « bon » rangement est d'abord un rangement gain de place. Il doit aussi être pratique pour les enfants, et adapté à leurs habitudes.

Les rangements gain de place

Les colonnes de tiroirs en plastique ont l'avantage d'utiliser la hauteur et de gagner de la place dans les petits espaces. Veillez à mettre les objets les moins lourds dans les tiroirs du haut, au cas où ils glisseraient des mains de votre enfant.

Bien qu'esthétiques et joliment vintage, les coffres à jouets ne sont pas l'idée du siècle : à moins d'être munis de sécurité, ils risquent de se refermer sur les doigts des enfants. En plus, leur forme arrondie au-dessus ne permet pas de les superposer. Pour les gros jouets, préférez donc des casiers en plastique empilables, ou des casiers en tissu placés dans une bibliothèque.

Les jouets les plus encombrants peuvent être rangés dans un tiroir glissé sous le lit.

Vous manquez de rangements ? Fixez des crochets derrière les portes et pendez-y des sacs en toile pour recueillir les jouets ou les peluches.

Pour le confort et le bien-être des enfants

Inspirez-vous des rangements des écoles maternelles : de simples casiers transparents posés dans des bibliothèques et donc faciles d'accès, munis de poignées sur les côtés, pour plus de maniabilité.

Pensez à placer bacs, étagères et caisses à portée de main des enfants (sauf présence de petits jouets dangereux pour les plus jeunes), afin de les inciter à participer au rangement.

Utilisez un code couleur pour les caisses : rouge pour les peluches, bleu pour les poupées, vert pour les voitures…

Mention très bien pour les caisses munies de roulettes, que les enfants pourront balader d'un coin de la chambre à un autre, sans vous solliciter à chaque fois.

Si plusieurs de vos enfants partagent la même chambre, veillez à ce que les petites pièces (billes, jeux de construction…) ne soient pas à portée des plus jeunes.

Rangez aussi en haut de l'étagère ou sur la plus haute planche du placard les jouets à utiliser avec les adultes : feutres, peintures, travaux manuels…

On trie ou pas ?

Idéalement, triez ces jouets dans les bacs ou casiers. Petites voitures, affaires de poupée, jouets de construction… et étiquetez-les pour que vos enfants s'y retrouvent. Selon leur âge, écrivez sur une grande étiquette ou collez une image découpée dans un magazine de jouets, correspondant au contenu du bac.

Mais ne perdez pas de vue qu'un bon rangement est un rangement réaliste : si vous savez que les bacs contenant les jouets triés par catégorie ont une espérance de vie de 3 jours, inutile de faire du zèle. Contentez-vous d'y ranger les jouets, même en désordre, simplement pour gagner en confort visuel et en sensation de rangement.

Chambres d'enfants : j'avais pourtant juré...

... Qu'il n'aurait pas de peluches moches.

... Que son doudou serait nickel.

... Que les livres seraient alignées dans l'étagère du plus petit au plus grand.

... Que les jouets seraient triés par catégorie.

... Que la pâte à modeler ne serait pas mélangée dans les pots.

... Que chaque feutre aurait son capuchon.

Livres

Le tri

Comme pour les jouets, faites un tri régulier dans les livres de vos enfants : réparez les pages déchirées, jetez les ouvrages trop abîmés, et mettez de côté (pour garder en souvenir, vendre ou donner) les livres que vos enfants ne lisent plus.

Le rangement

Utilisez des étagères de rangement à casiers. Les modules s'empilent et se combinent, si bien qu'ils sont parfaits pour aménager une pièce mansardée, ou utiliser intelligemment l'espace sous un lit superposé.

Vous pouvez aussi copier les rangements utilisés dans les bibliothèques pour enfants et les écoles : pour faciliter le choix des livres par les petites mains, ils sont rangés non pas en laissant la tranche visible, mais de face.

Peluches

Le tri

Régulièrement, faites un tri avec votre enfant et proposez-lui par exemple d'offrir les peluches avec lesquelles il ne joue pas à des enfants défavorisés.

Vos enfants ados tiennent à garder quelques peluches d'enfance ? Glissez-les dans des gros bocaux en verre, et exposez-les sur une étagère murale.

Le rangement

Option bac : utilisez de simples bacs si vous avez suffisamment de place au sol. Évitez le carton, trop fragile pour ce genre de rangements. Préférez les rangements en bois ou en tissu.

Option paniers suspendus : ces rangements souples verticaux s'accrochent au plafond et on peut y ranger sans problème une trentaine de peluches.

Option hamacs : il existe aussi des systèmes de hamacs à suspendre, pouvant accueillir toutes les peluches de votre enfant tout en les laissant à sa portée. Le rangement se fait en un clin d'œil, en revanche toutes les peluches restent exposées. (Au pire, glissez discrètement les plus moches au fond.)

Do it yourself: galerie pour artistes en herbe

Vous ne savez plus quoi faire des dessins des enfants ? Réservez-leur un lieu d'accueil digne de ce nom, en créant dans leur chambre un mur magnétique sur lequel les artistes en herbe pourront accrocher en un clin d'œil leurs plus belles œuvres. Achetez de la peinture magnétique dans un magasin de bricolage. Délimitez la zone que vous souhaitez peindre avec du ruban adhésif de protection, en vous aidant d'un niveau à bulles. Appliquez trois couches, et encadrez éventuellement cette zone avec du masking tape, un joli ruban adhésif coloré s'appliquant en quelques secondes. (Grand choix de modèles sur www.maskingtape.fr)

Vêtements

Le tri

Triez les vêtements par saison : en plus de ne pas encombrer inutilement les placards, vous éviterez les négociations matinales visant à vous faire accepter de le (la) laisser aller à l'école en bermuda-tongs au mois de novembre.

Le rangement

Classement malin

• Dans les tiroirs de la commode ou sur les étagères, classez les vêtements par catégories (tee-shirts et pulls sur une ou deux étagères, pantalons, shorts, robes et jupes sur les autres).

Au sein de ces catégories, faites des tas en fonction de la chaleur des vêtements :

- Pulls et gilets fins, sweats, gros pulls en laine…
- Tee-shirts à bretelles, manches courtes, manches longues…
- Shorts, pantalons…

C'est en effet le critère météorologique qui domine souvent pour l'habillage des enfants, et vous gagnerez ainsi un temps précieux.

• Quand les enfants gagnent en autonomie et peuvent s'habiller seuls, optez pour un classement par tenues. Rangez-les dans les tiroirs, par « conditions météorologiques », et collez une étiquette (écrite ou dessinée) pour indiquer : « froid et pluie », « très froid », « doux », « soleil »… Inversez régulièrement les vêtements pour varier les tenues.

Organisation des placards

• **Les vêtements sur cintres :** les habits pour enfants sont moins fragiles et plus faciles d'entretien que leurs homologues adultes ; seuls les chemises, blouses et chemisiers en coton nécessitent d'être pendus sur des cintres. Vous pouvez ainsi ajouter une tringle dans un placard, et utiliser des cintres pour enfants, plus petits, s'il est peu profond.

• **La lingerie :** libérez de la place dans vos placards en mettant la lingerie (culottes, chaussettes…) dans des jolies boîtes à poser sur une commode.

• **Les pyjamas :** si vous êtes ric-rac niveau rangements dans la chambre des enfants, vous pouvez aussi ranger les pyjamas de tout le monde dans la salle de bains.

- **Les pyjamas « en cours d'utilisation »** peuvent être laissés sur un crochet de la salle de bains, rangés sous l'oreiller ou glissés dans un porte-pyjama rigolo, pratique pour motiver les enfants.

Le truc en plus

Parmi tous les vêtements de vos enfants, vous n'arrivez plus à vous y retrouver et à savoir quoi est à qui ? Avec un feutre indélébile, dessinez un gros point sur les étiquettes des vêtements de votre aîné, deux points pour le deuxième, etc.

Pour plus de conseils : voir Dressing (p. 149) dans le chapitre Chambre des parents.

Literie

Où la ranger ?

Idéalement, le linge de lit de chaque enfant devra être rangé dans sa propre chambre. Si vous n'avez pas la place dans ses placards, mettez tous les draps dans une armoire commune.

Combien en prévoir ?

Dans tous les cas, prévoyez trois parures assorties par enfant, et glissez le drap-housse, le drap plat et la housse de couette dans la taie d'oreiller correspondante. Vous pourrez en un seul geste extraire du placard l'ensemble de la parure, au moment de changer les draps.

Quand vous les rangez, pensez à les glisser sous la pile, afin de varier l'utilisation de chaque parure, et de ralentir ainsi l'usure.

Mémo : éviter les accidents domestiques ⚠

• La température idéale de la chambre d'un bébé doit se situer entre 18 et 20 °C.

• Pour prévenir des chutes, évitez pour les plus petits les lits superposés, et utilisez des lits à barreaux. Ces derniers doivent être suffisamment serrés pour que Bébé ne puisse pas y passer la tête.

• Couchez votre nourrisson sur le dos pour dormir : les études ont prouvé que cette position diminue de 70 % les risques de mort subite du nourrisson. Utilisez une turbulette ou un surpyjama, et pour éviter que votre bébé ne se couvre la tête, veillez à retirer du lit draps, couettes, oreillers... et même doudous encombrants !

• Interdisez à vos animaux, même les plus inoffensifs, l'accès aux chambres d'enfants.

• Vérifiez la stabilité des meubles : à partir du moment où votre bébé se déplace en rampant ou à 4 pattes (vers 6-9 mois), il peut chercher à s'accrocher à un meuble, et le faire basculer. Fixez-les au mur si besoin.

• Attention aux jeux contenant des petites pièces : à partir de 6 mois, votre bébé aura tendance à tout porter à sa bouche. Sensibilisez les frères et sœurs à ce danger, pour éviter qu'ils ne rapportent leurs propres jouets dans la chambre du petit dernier. Pensez à vérifier régulièrement l'état des jouets.

CHAPITRE 10

Ciel, ma buanderie !

Qu'on le veuille ou non, entre machines à lancer et à étendre, linge à repasser et à raccommoder, on y passe au final un sacré bout de temps. Si pour certains il s'agit d'un moment de détente (si, si, il paraît que ça existe), le passage par la case buanderie est pour 99,99 % des sondés un mal nécessaire, mais un mal quand même. La bonne surprise, c'est qu'avec une pièce agréable et rangée, la corvée s'allège comme par magie, et le temps passé diminue d'autant. Suivez nos conseils pour aménager au mieux votre espace linge. Et, qui sait, bientôt direz-vous peut-être : « Chouette, aujourd'hui j'ai buanderie ! »

L'agencement idéal

Peut-être disposez-vous d'une pièce spécifique. Le cas échéant, votre lave-linge, sèche-linge et tutti quanti prendront place dans le garage ou le sous-sol, la cuisine ou la salle de bains.

Quel que soit leur emplacement, voici la disposition idéale pour gagner du temps, car elle répond à l'ordre logique des tâches (et des taches) :

- Les bacs à linge
- L'évier
- Le lave-linge
- Le sèche-linge
- L'étendoir
- Le matériel de repassage
- Les rangements pour le linge

8 mauvaises raisons de ne pas jeter cette chaussette orpheline rouge et jaune à petits pois

1. J'ai peur qu'elle se vexe.
2. Imagine que je retrouve l'autre (oui, sept ans après on ne sait jamais).
3. Je peux peut-être la mettre en couple mixte avec la bleue et verte à rayures ? (Sous un pantalon ça ne se verra pas.)

→

4. Elle m'a porté bonheur pour mon bac.
5. J'adore les pois.
6. Elle a déjà perdu sa moitié, elle mérite une belle fin de vie.
7. Elle n'est pas trouée.
8. Ça peut servir si un jour je n'ai plus qu'un pied.

Le rangement des accessoires

Prévoyez de placer près de chaque zone les produits d'entretien et accessoires correspondants : détachant, lessive et adoucissant à proximité du lave-linge, pinces à linge et cintres près de l'étendoir…

Pour éviter d'encombrer le dessus de vos appareils ménagers, et pour disposer de cette place afin de plier votre linge par exemple, optez plutôt pour des étagères murales fixées en hauteur ou pour des meubles bas, à condition de doter les portes d'un système de fermeture sécurisé.

Si les produits sont visibles sur des étagères murales, disposez-les dans des paniers en osier ou des jolis bacs en plastique. En plus d'être esthétiques, ils vous permettront de pouvoir descendre en un geste l'intégralité des produits dont vous pourriez avoir besoin.

Pensez aux accessoires gain de place : patères pour accrocher la planche à repasser repliée, fil à linge rétractable, rangements multipoches à accrocher à la porte…

Linge sale et linge propre

Vous gagnerez un temps précieux en organisant, grâce à quelques règles simples, le fameux geste du « lancer de linge sale ».

- Installez deux paniers distincts ou un panier à deux compartiments pour que les membres de la famille gèrent chacun le tri entre « blanc » et « couleurs ». Si vos enfants sont petits, achetez, pour les aider à comprendre, un bac blanc et un bac de couleur.
- Prévoyez un troisième panier pour le linge fragile, nécessitant un lavage à la main ou tout doux en machine.
- Vos nuits sont peuplées d'insomnies sur le mystère des chaussettes seules qui s'accumulent ? Plutôt que d'essayer de percer l'énigme, pro-

curez-vous des pinces à chaussettes et mettez-les à portée des enfants, près du bac à linge sale. Ils pourront ainsi y accrocher leurs chaussettes, par deux, que vous retrouverez, ô Joie ô Félicité, par deux.

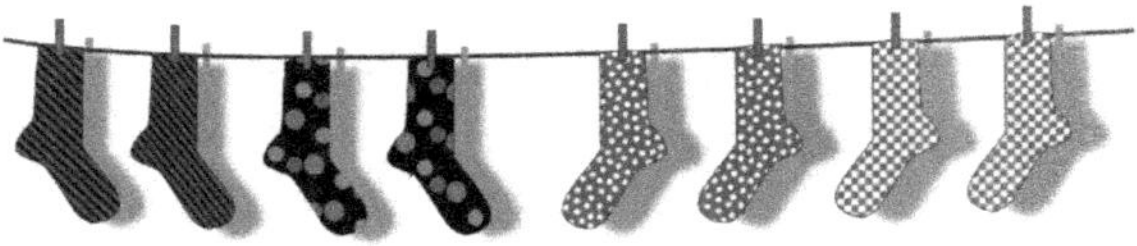

• À partir de 6 ans, vos enfants sont en mesure de rapporter leur linge propre et de le ranger dans leur penderie : utilisez des corbeilles en plastique nominatives pour y déposer leurs vêtements, et imposez un passage obligatoire par la case buanderie pour les récupérer, au moment d'aller prendre le bain par exemple.

Le truc en plus

Installez une petite télévision ou un poste de radio pour vous distraire pendant le traitement du linge !

En vrac : comment ranger...

... des boutons ?

Dans des petits casiers à tiroir, dans des bocaux à confiture vides ou des petits pots bébé en verre. Pour les plus petits, dans des vieilles boîtes de pellicule photos.

... des rubans ?

Achetez un bac en plastique perforé. Enfilez les rouleaux de rubans sur des tourillons de bois et utilisez les trous du bac pour maintenir les tiges (deux par bacs, dans le sens de la longueur). Faites ressortir les extrémités des rubans par les trous du bac : vous n'avez plus qu'à tirer pour dérouler la quantité nécessaire de ruban !

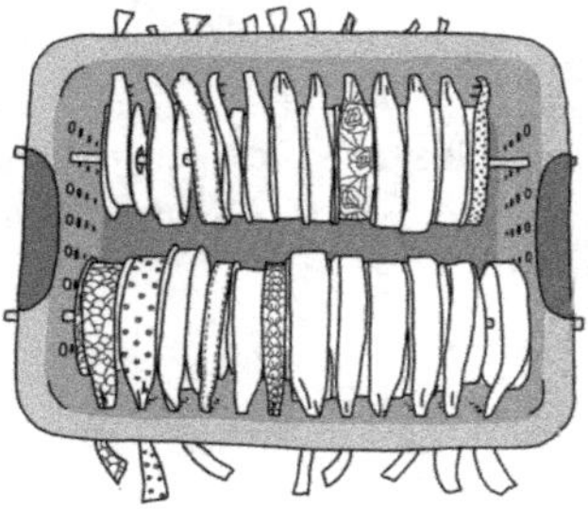

... du papier cadeau ?

Posez-les simplement dans une corbeille haute, rangée dans un placard.

Autre solution gain de place : dans le haut d'un placard, fixez deux cordes tendues, parallèles, à un mètre d'écart environ. Vous pourrez y glisser les rouleaux de papier cadeau, et libérer de la place dans les étagères ou au sol ! Pour les chutes de papier, coincez-les simplement dans une grosse pince fixée à la porte du placard.

Et pour éviter qu'ils se déroulent dans le placard, une bonne astuce consiste à les maintenir avec des rouleaux de papier toilette.

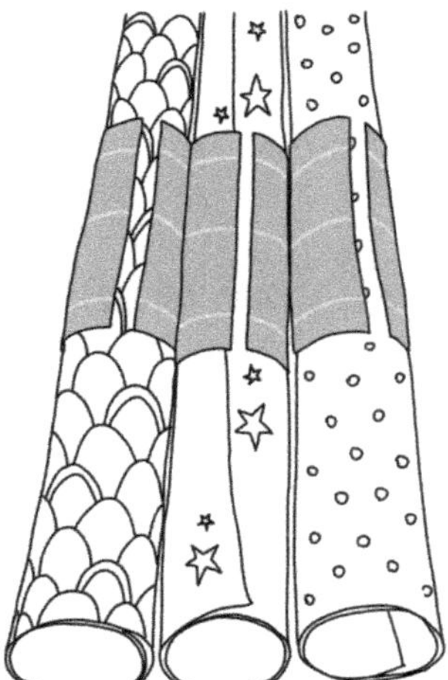

La bonne idée

Même en dehors des périodes de Noël, prévoyez toujours d'avoir à disposition du joli papier cadeau et des rubans. Constituez également une « boîte à cadeaux », dans laquelle vous mettrez un joli cadre trouvé en promotion, des épices rapportées de voyage, des jolis petits bodys de naissance, des bougies achetées en soldes après Noël... Vous aurez ainsi toute l'année de quoi faire des petits cadeaux sans courir partout au dernier moment, à l'occasion d'une naissance, d'un dîner chez des amis ou de l'anniversaire d'un neveu...

Tenez un petit carnet dans lequel vous noterez ce que vous aurez offert à qui, histoire d'éviter d'offrir le même cadre à votre belle-mère deux années de suite.

L'armoire à pharmacie

Où la placer ?

Pour trouver le bon endroit, deux critères sont à prendre en compte : les conditions de conservation et la sécurité.

Pour conserver toute leur efficacité, les médicaments ne doivent pas être placés à proximité d'une source de chaleur (radiateur) ou de froid (fenêtre mal isolée).

La pièce doit être fraîche et sèche, et l'emplacement de préférence à l'abri de la lumière.

Enfin, pour éviter les accidents domestiques encore trop fréquents, placez le meuble en hauteur, et fermez-le à clé.

Comment la constituer ?

Une armoire à pharmacie complète et efficace doit contenir les éléments suivants :

- Pansements
- Compresses stériles
- Compresses grasses (pour les brûlures légères)
- Bandes extensibles
- Éosine (en unidoses, c'est plus pratique)
- Crème à l'arnica (pour les bosses et contusions)
- Antiseptique (choisir un modèle non alcoolisé, pour éviter les sensations de piqûre chez l'enfant)
- Alcool à 60 % (pour désinfecter les instruments)
- Thermomètre
- Aspirine et paracétamol enfant (si on en a, évidemment !)

- Aspirine et paracétamol adulte
- Médicaments contre les troubles digestifs (nausées, diarrhées…)
- Sérum physiologique
- Collyre ophtalmologique
- Pince à épiler
- Ciseaux à bouts ronds

Peuvent venir s'ajouter à cette liste les traitements au long cours (diabète, tension, cholestérol…), et les traitements alternatifs (homéopathie, phytothérapie…).

Comment ranger l'armoire ?

- Si vous n'avez pas d'armoire à pharmacie, utilisez une caisse en plastique à poser en hauteur.
- Commencez par retirer les éventuels médicaments périmés, ainsi que ceux délivrés sur ordonnance, entamés, et dont le traitement est achevé. Plutôt que de les jeter, rapportez-les à la pharmacie qui les récupérera.
- Conservez toujours le médicament dans son emballage d'origine, avec la notice.
- Selon la composition de la famille et les éventuels traitements sur le long terme, à vous de trouver l'organisation la plus simple : par membre du foyer, ou par pathologie. Mais, quoi

qu'il en soit, prévoyez toujours une trousse pour les urgences (désinfectant, pansements, compresses pour brûlures…), et un compartiment à part pour les médicaments des enfants.

• Sur la porte du placard à pharmacie, affichez les numéros d'urgence dont vous pouvez avoir besoin :

Numéros utiles

- Médecin
- Pharmacien
- SOS Médecins (numéro national : 36 24)
- Hôpital le plus proche
- Urgence : 112
- Pompiers : 18 (incendie, accidents, pollution...)
- Compagnie d'ambulances (pour trouver le numéro de votre ambulancier : www.allo-medecins.fr/specialites/ambulance/numero-des-ambulances.html)
- Centre Antipoison (pour connaître le centre le plus proche des chez vous : www.centres-antipoison.net)
- Samu : 15 (malaise, problème de santé)
- Police secours : 17 (trouble à l'ordre public)

CHAPITRE 11

La chambre des parents

Le temps passé y est plutôt restreint, mais toujours synonyme de repos, de plaisir et de détente. Comme une bulle de tranquillité dans l'énergie ambiante (et parfois débordante) de la maison, la chambre des parents doit être soignée comme un cocon, et répondre à la fois à des exigences de confort et de praticité.

Les vêtements*

« Je n'ai rien à me mettre » est votre credo matinal, tandis que votre conjoint(e) et vos placards vous

* Pour encore plus d'informations, n'hésitez pas à consulter le livre de Laurence Dupin *Des vêtements pour longtemps, c'est malin*, aux éditions Quotidien Malin.

répondent en chœur que vous avez pourtant de quoi habiller le département ? Vous vous trouvez sans doute face à un léger problème d'organisation. Suivez ces quelques conseils pour vos vêtements, afin de libérer vos placards et votre esprit.

Le tri

Pour vous aider à faire le tri, ne gardez que ces trois catégories de vêtements :

1. **Ce qui est en bon état.** Ne gardez pas un pull troué sous prétexte que vous allez bientôt le recoudre (sauf si, en effet, vous allez bientôt le recoudre, genre demain). Les vêtements souvent portés et lavés perdent de leur éclat et ont tendance à se déformer. N'hésitez pas à réformer votre jupe longue fétiche si après 20 ans de bons et loyaux services elle ressemble désormais à un rideau.
2. **Ce qui vous va.** Enfermez-vous dans votre chambre et essayez tous vos vêtements : mettez de côté les pulls trop courts, trop larges ou trop serrés, les chemisiers dans lesquels vous ne pouvez plus bouger les bras, les jeans que vous ne fermez plus, les jupes qui vous boudinent et les robes dans lesquelles vous pourriez inviter toute votre

famille. Mettez aussi dans le même sac (au sens propre et figuré) les vêtements adaptés à votre taille et vos formes, mais dont l'allure ne vous correspond pas : ceux dans lesquels vous vous sentez déguisée, trop chic ou pas assez…

3. **Ce qui vous plaît.** Vous avez désormais sous les yeux tous vos habits en bon état, et qui vous vont encore. Reste à savoir lesquels vous plaisent : on a tendance à garder des vêtements sous l'unique prétexte qu'ils sont en bon état, et que ça serait trop bête de s'en séparer. Si vous n'avez aucun plaisir à les porter, ils ont peu de chance d'obtenir une autorisation de sortie au cours des prochaines années, et il est tout aussi bête de les garder.

Grosso modo, pour vous aider à faire ce tri, considérez deux catégories de vêtements :

1. **Ceux qui vous plaisent sans discussions,** sans argumentations et longs discours, pour lesquels vous seriez prête à aller au bout du monde et à vous couper un bras, ceux qui constituent la quintessence de ce que vous avez de plus cher, bref, ceux que vous aimez beaucoup.

2. **Ceux qui ne vous provoquent pas d'émotion particulière,** dont la vue ne vous fait pas pleurer de joie, mais qui peuvent se révéler fort pratiques, de par leur couleur ou leur forme, pour aller avec votre pantalon fétiche, sous cette veste parfaite, ou au-dessus d'un joli top en soie.

Bon à savoir

Si vous n'avez pas mis un vêtement ces deux dernières années, il y a 99,99 % de chances que l'année à venir ne fasse pas exception.

Parmi ces habits qui vous vont et qui vous plaisent, ne gardez à proximité que ceux que vous pouvez porter actuellement, et mettez le reste dans des housses sous vide, afin de les glisser en haut des placards ou sous un lit.

L'hiver, gardez néanmoins quelques hauts à fines bretelles, à mettre sous un pull ou une veste.

L'été, conservez quelques pulls bien chauds, et une paire, au moins, de chaussures fermées.

Avez-vous assez (ou trop) ?

Quelques règles simples à garder en tête pendant

votre tri, pour vous aider à vous décider sur la question cruciale du « gardera, gardera pas ».

- Vous devez avoir de quoi changer de tee-shirt ou de chemise tous les jours, de pull ou de veste tous les deux jours, et de bas (jupe, pantalon) ou de robe, tous les trois jours.
- Le rapport à respecter est d'un bas pour trois hauts : une jupe pour trois chemisiers, un jean pour trois pulls, etc.
- En plus de vos tenues pour travailler, assurez-vous que vous avez dans votre penderie au moins une tenue cocooning, sympa et surtout hyper-confortable, une tenue habillée (pour les mariages et autres cérémonies), et une tenue « classique chic » pour les entretiens et autres occasions.

Profitez du tri pour faire des essayages

Maintenant que vos vêtements sont triés, constituez des piles par catégorie, afin d'avoir une vision d'ensemble de ce que vous possédez. Vous observerez alors peut-être un léger décalage entre vos pulls (73, à peu près), et vos pantalons (2). Souvenez-vous-en lors de vos prochains achats !

Étape suivante : jouez à Pretty Woman, afin de vous constituer des jolies tenues. Pour cela, commencez toujours par prendre une pièce qui vous plaît, et assortissez-la avec le reste de façon à créer trois tenues différentes.

Dans un petit carnet, notez vos plus jolies tenues : « pantalon noir + chemise jean + gilet noir + escarpins verts », par exemple.

Les matins d'inspiration zéro, vous aurez ainsi juste à consulter ce calepin pour vous sentir bien dans vos pompes.

5 mauvaises idées

1. « Je garde au cas où je perdrais 6 kg. »
2. « Pratique, cette petite chemise transparente, pour un jour où il fera chaud mais pas trop, et que je resterai à la maison tout en voulant être chic, pour aller bronzer dans le jardin par exemple (oui, j'ai pas de jardin, et alors ?) »
3. « On a toujours besoin d'un pull noir. De 17 aussi. »
4. « Avec un pull noué autour de la taille et des bottes jusqu'aux genoux, on ne verra plus les taches d'eau de Javel sur ce pantalon. »
5. « Ça reviendra peut-être à la mode un jour, les cuissardes vertes en vinyle. »

Le rangement

Où les ranger ?

Dans la mesure du possible, faites en sorte que tous vos habits soient dans un meuble unique. Si ce n'est pas possible, procédez par groupements logiques : bas (pantalons, jupes...) d'un côté, hauts (tee-shirts, pulls...) de l'autre.

Si vous disposez d'une commode à tiroirs, mettez-y les habits les plus fins : pyjamas, tee-shirts... Les vêtements plus encombrants (gilets et pulls) prendront place sur une étagère ou dans un placard.

Comment les ranger ?

Les vêtements à plier

Pliez tee-shirts, gilets, sweats et pulls et rangez-les par catégorie, et éventuellement par couleur (voir p. 148).

Ne superposez pas plus de 5 articles au risque d'affaisser ceux du dessous.

Vos placards sont profonds ? N'utilisez l'espace pour une seconde pile que si vous y mettez les vêtements dont vous avez besoin moins souvent.

Les vêtements à suspendre

Suspendez chemises, chemisiers, blouses, jupes (avec des cintres à pinces), robes et vestes.

Dans la mesure du possible, utilisez aussi des cintres ou des porte-pantalons pour accrocher vos pantalons et éviter qu'ils ne marquent les plis du pliage.

Vous manquez de cintres ou de place pour les accrocher ? Suspendez par deux les vêtements coordonnés seulement. Vous décrocherez ainsi par exemple en un seul geste la robe et la veste assorties.

Pendez tous ces articles du plus long au plus court afin de glisser des bacs de rangement sous les plus courts.

Les avantages du rangement par couleur

Avec ce type de classement, vous vous y retrouverez plus facilement, le matin, pour choisir vos tenues. D'autre part, si votre dressing est « ouvert », sans portes de placards, sachez que ce rangement offre un confort visuel appréciable.

Do it yourself: créer un dressing en deux temps trois mouvements

Si vous ne disposez pas d'une pièce consacrée à vos vêtements, vous pouvez aménager facilement un petit coin « dressing » dans votre chambre.

Pour délimiter cet espace, utilisez par exemple un paravent posé devant vos placards.

Autre solution plus sympa si vous avez la place : décollez votre lit du mur de 2,50 m environ. Suspendez un rideau en tissu épais au niveau de la tête de lit et, derrière cette cloison, installez votre meuble de rangement.

Les accessoires

Ceintures et foulards

• **Si vous avez de la place sur votre tringle :** utilisez pour vos ceintures un cintre à crochets, et pendez-les par la boucle.

Pour les foulards, investissez dans des « cintres à trous », horizontaux ou verticaux, dans lesquels vous pourrez glisser les étoffes.

Vous pouvez aussi utiliser de simples cintres, sur lesquels vous nouerez les foulards par couleur.

• **Si vous avez des portes de placard:** fixez-y des simples patères à crochets multiples. Si vous devez suspendre plusieurs ceintures ou foulards par crochets, triez-les par couleurs.

• **Si vous n'avez plus de place dans votre penderie,** ou seulement un bout d'étagère: utilisez simplement des grandes boîtes en cartons, rondes ou carrées. Choisissez des modèles colorés, dans les teintes de la déco de votre chambre, ou décorez-les vous-même avec des chutes de papier peint ou du papier cadeau. Puis roulez les ceintures à l'intérieur ou mettez les foulards en vrac; pour ces derniers, des caisses transparentes permettent de trouver le bon facilement. Si vous avez des ceintures ou des foulards particulièrement fragiles, réservez un traitement de faveur à quelques modèles privilégiés en les plaçant sur un cintre à crochets ou à trous, ou dans un tiroir. Pensez à étiqueter les boîtes, et disposez-les sur une étagère, dans la penderie sous les vêtements les plus courts.

• **Si vous n'avez de la place qu'au mur:** exposez vos foulards et ceintures en déco. Sur un pan de mur, fixez des barres de crédence utilisées normalement pour les accessoires de cuisine. Vous pourrez y enrouler vos ceintures et y nouer vos foulards. Prévoyez assez d'espace entre deux barres pour que les accessoires ne se chevauchent pas (non, ils ne feront pas de petits). À la place de la barre, vous pouvez aussi simplement fixer plein de pinces à linge (peintes ou pas), bien alignées sur une planche de bois, et fixer cette dernière au mur. On pince (mais ne vous inquiétez pas, ce n'est pas douloureux) le foulard ou la ceinture et hop! c'est réglé, et ça décore.

Lingerie

Première option: déposez, sur des étagères de placards fermés ou dans des tiroirs, des bacs en tissu compartimentés, dans lesquels vous pourrez ranger vos sous-vêtements par parure.

Deuxième option: utilisez des grandes boîtes de rangement décoratives en carton. Dans ce cas, simplifiez-vous la vie et gagnez du temps en glissant dans des pochettes transparentes zippées une culotte et un soutien-gorge assortis.

Cravates

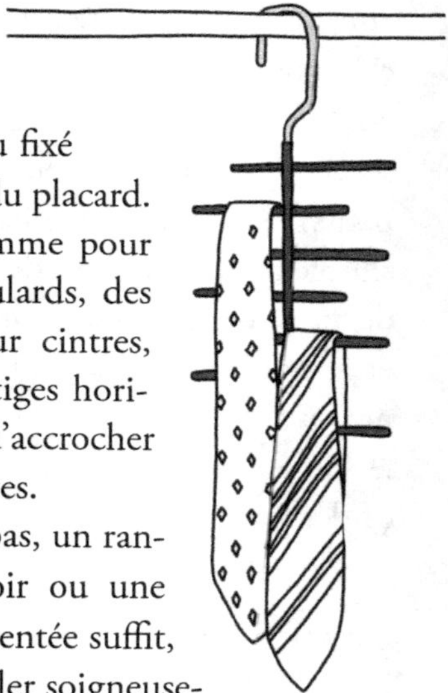

Utilisez un porte-cravates, coulissant ou fixé au mur ou à la porte du placard.

Il existe aussi, comme pour les cravates et les foulards, des sortes de crochets sur cintres, offrant de multiples tiges horizontales permettant d'accrocher les cravates bien droites.

Si vous n'en avez pas, un rangement dans un tiroir ou une jolie boîte compartimentée suffit, à condition de les rouler soigneusement ou de les placer à plat.

Sacs

Niveau rangement de vos cabas, l'affaire est loin d'être dans le sac ? Quelques idées pour reprendre la main.

Option 1 : l'étagère

Ouverte ou à l'intérieur d'un placard, elle peut recueillir votre collection de sac à mains. L'endroit idéal ? Juste au-dessus de vos chaussures, pour pouvoir choisir les uns en fonction des autres.

Alignez-les sur l'étagère et, pour ne pas devenir folle, utilisez des serre-livres : non seulement vous pourrez compartimenter votre étagère en fonction du type de sac (pochette, sac de soirée, de tous les jours...), mais surtout, vous éviterez que la grande famille de vos cabas s'écroule par jalousie quand vous chercherez à en sortir un seul.

Option 2 : les crochets

Évitez l'option patère avec crochets multiples ou portemanteaux : la forme différente des sacs, les anses de longueurs variables, pourront vite endommager vos sacs et donner une impression de capharnaüm.

Fixez plutôt des barres de crédence avec crochets mobiles, dans une porte de placard ou sur un mur, ou des crochets muraux simples.

Vous pouvez aussi vous procurer une grille de jardinage (200 × 100 cm environ), et y ajouter des crochets en fer afin d'y suspendre vos sacs.

Option 3 : les housses

C'est la solution à privilégier pour vos sacs de marque les plus précieux, nécessitant d'être protégés. Ils sont en général vendus avec leur housse, mais vous pouvez aussi acheter des housses en plastique.

Étiquetez-les si elles ne sont pas transparentes, et glissez-les dans un placard, les plus fragiles au-dessus.

Pour les chaussures, voir p. 30. Pour la literie, voir p. 126. Si votre coin bureau est dans votre chambre, voir p. 157.

Bijoux

Découvrez quelques idées de rangement classiques ou « récup » pour offrir à vos bijoux un écrin chic et pratique :

- **Les présentoirs à bijoux** (arbres à bijoux, mains, bustes) vendus dans le commerce pourront recueillir bagues, bracelets, colliers... mais nécessitent d'être posés sur un meuble ou une étagère, et donc d'avoir la place nécessaire.
- **Les tableaux en liège,** parfaits pour utiliser l'espace offert par le mur : plantez-y simplement des punaises pour y accrocher tout le nécessaire.
- **Une branche de bois recyclée :** avec deux clous, fixez au mur une simple branche à l'horizontale. En y enfonçant quelques punaises, vous obtiendrez autant de supports pour suspendre vos colliers et bracelets.

• **Un grand tiroir à compartiments:** détournez-le en le fixant à plat au mur. Avec de simples punaises, vous pourrez accrocher vos boucles d'oreilles dans chacune des petites cases.

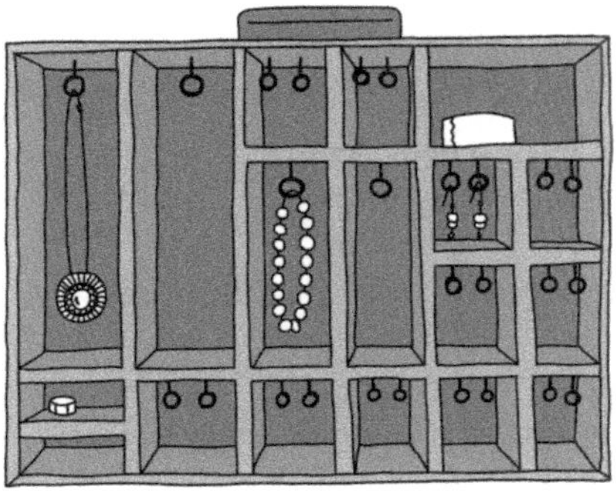

• **Une râpe à fromages.** Et oui, une fois qu'elle est fixée au mur, ses petits crochets permettent de faire tenir des boucles d'oreilles sans les abîmer.

SOS manque de place

La chambre des parents ne nécessite pas beaucoup de meubles: théoriquement, une penderie, un lit et des tables de chevet suffisent. Il s'agit d'une des pièces les moins fréquentées, en comparaison avec les pièces de vie commune, les lieux de passage ou les chambres des enfants. Quand on manque de place, c'est donc ici ou nulle part qu'on peut essayer d'optimiser le rangement, à condition bien sûr de le faire bien, c'est-à-dire sans nuire au confort, en particulier visuel, de la pièce. Découvrez le type d'objets que vous pouvez y ranger pour désencombrer les autres pièces, et les rangements gagnants.

Tout ce que vous pouvez y ranger

- Les vêtements hors saison de la famille
- Les couettes et oreillers en rab
- Les souvenirs
- Les livres

Les rangements qui ont tout bon

- Les planches au-dessus des portes
- Les coffres en bout de lit
- Les tiroirs à roulettes sous le lit
- Les casiers et boîtes en haut des placards
- Les tablettes murales hautes avec boîtes de rangement

CHAPITRE 12

Dis mon bureau, qui est la plus organisée ?

En dehors du cas particulier des « télétravailleurs » nécessitant une pièce dédiée pour leur activité professionnelle, il est conseillé d'avoir quelque part chez soi une zone consacrée à l'archivage des papiers importants et à l'exécution des tâches administratives et obligatoires… Et parce qu'on ne rigole pas avec la paperasse et les formalités (on a même plutôt tendance à pleurer, parfois), l'ordre et le rangement s'imposent dans cette zone nécessitant rigueur et concentration.

Où installer son coin bureau ?

Si vous ne disposez pas d'une pièce dédiée, plusieurs solutions s'offrent à vous :

- **Dans la chambre d'amis,** si vous en avez une : utilisée occasionnellement seulement par vos invités de passage, elle pourra abriter un bureau et un placard contenant l'ensemble de vos papiers.
- **Dans le couloir :** s'il est spacieux, optimisez l'espace de ce lieu de passage en installant une table ou un bureau et une étagère ou des colonnes de rangement. S'il est étroit, fixez au mur une tablette amovible à baisser pour y poser votre ordinateur, et installez des étagères murales surmontées de classeurs et boîtes de rangement décoratives.
- **Dans le salon ou la chambre :** choisissez un endroit lumineux, proche d'une fenêtre, et délimitez éventuellement la zone de travail avec un paravent ou grâce à une étagère de rangement à cases sans fond, pour scinder l'espace sans rétrécir la pièce.

Comment gérer la paperasse ?

La durée de conservation des documents

Si l'avènement des documents en format numérique commence à nous sauver la mise, on continue à crouler sous une montagne de papiers, et on est parfois tentés d'opérer un grand ménage. Attention, en matière de conservation des documents, les erreurs ne pardonnent pas ! Découvrez ce que vous devez absolument garder, et pour combien de temps. (Source : www.vosdroits.service-public.fr)

Assurance

Type de document	Durée de conservation	Précisions
Quittances et primes	2 ans	Quittances, avis d'échéance, preuves du règlement, courriers de résiliation, accusés de réception.

→

Type de document	Durée de conservation	Précisions
Contrats d'assurance habitation et automobile	Durée du contrat + 2 ans	Contrat conservé tant qu'il n'est pas résilié, puis 2 ans après sa résiliation. Factures d'achat et de réparation conservées pendant toute la durée du contrat.
Dossier « dommages corporels »	10 ans	Factures, expertises et certificats médicaux conservés 10 ans après la fin de l'indemnisation, voire plus longtemps si des séquelles sont prévisibles.
Assurance sur la vie et assurance décès	Durée du contrat + 10 ans	Possibilité pour le bénéficiaire de faire valoir ses droits pendant 10 ans à partir de la date à laquelle il a eu connaissance du contrat.

Voiture

Type de document	Durée de conservation	Précisions
Contraventions	3 ans	À compter de la condamnation.
Factures (achat, réparation…)	Durée de conservation du véhicule	

Banque

Type de document	Durée de conservation	Précisions
Chèques à encaisser	1 an et 8 jours	Passé ce délai, la banque n'a pas à les payer.
Prêts à la consommation	2 ans	À compter de la dernière échéance.
Prêts immobiliers	2 ans	À compter de la dernière échéance.
Relevés de compte, virements, prélèvements, remises de chèque ou d'espèces, talons de chèque	5 ans	Délai de l'action civile.

Attention : s'ils contiennent des informations sur des créances dont la prescription est plus longue, les talons de chèque et relevés de compte doivent être conservés plus longtemps.

Famille

Type de document	Durée de conservation	Précisions
Actes d'état civil (copies intégrales et extraits)	Indéfinie	Valables en principe sans limitation de date. Toutefois, certaines procédures exigent un acte d'état civil récent.
Remboursement des cotisations d'allocations familiales	3 ans	Délai de 3 ans pour réclamer le remboursement des sommes indûment versées (sauf en cas de fraude ou de fausse déclaration).
Jugement de divorce, jugement d'adoption	Indéfinie	En cas de perte, une copie sera fournie par le tribunal.

→

Type de document	Durée de conservation	Précisions
Acte de reconnaissance d'un enfant	Indéfinie	La mairie peut en délivrer une copie.
Mariage (contrat, documents relatifs aux biens apportés ou acquis lors du mariage par donation ou legs)	Indéfinie	En cas de perte du contrat de mariage, s'adresser au notaire qui l'a établi.
Livret de famille	Indéfinie	En cas de perte, un duplicata peut être obtenu à la mairie.
Testament, succession	Indéfinie	

Logement

Type de document	Durée de conservation	Précisions
Factures d'électricité et de gaz	2 ans	
Factures d'eau	4 ou 2 ans	Pour un fournisseur public : 4 ans. Pour un fournisseur privé : 2 ans.
Factures de téléphone (fixe et mobile)	1 an	
Factures liées aux travaux	10 ou 30 ans	Dépend de la nature des travaux.
Certificats de ramonage	1 an	
Attestations d'entretien annuel des chaudières dont la puissance est comprise entre 4 et 400 kilowatts	2 ans	

→

Type de document	Durée de conservation	Précisions
Titres de propriété	Indéfinie	
Charges de copropriété et correspondances avec les syndics	10 ans	
Procès-verbaux des assemblées de copropriété	10 ans	Délai de contestation des décisions prises par les assemblées.
Contrat de location	Durée de la location + 5 ans	État des lieux et quittance de versement du dépôt de garantie à conserver jusqu'au remboursement.
Inventaire du mobilier pour les locations meublées	Indéfinie	Pendant toute la durée de la location.
Quittances de loyer	5 ans	

Impôts

Type de document	Durée de conservation	Précisions
Déclarations de revenus et avis d'imposition sur le revenu	3 ans	À compter de l'année qui suit l'année d'imposition (exemple : déclaration 2009 à conserver jusqu'à la fin 2012).
Avis d'impôts locaux (taxe foncière, taxe d'habitation)	1 an	À conserver jusqu'à la réception de l'avis suivant car ce document peut servir pour différentes démarches.

Travail

Type de document	Durée de conservation	Précisions
Bulletins de salaire, contrat de travail, certificats de travail, attestations de Pôle emploi	Indéfinie	

→

Type de document	Durée de conservation	Précisions
Pièces utiles pour réclamer le paiement (salaires, indemnités de licenciement)	5 ans	
Allocations chômage	2 ou 3 ans	Délai de 2 ans pour réclamer le paiement des allocations chômage. Délai de 3 ans pour réclamer les sommes indûment versées.
Titres de paiement de la pension de retraite	Indéfinie	Ils peuvent être demandés pour le calcul des droits à la pension de réversion, s'il y a lieu.

Santé

Type de document	Durée de conservation	Précisions
Remboursements d'assurance-maladie et maternité	2 ans	Les caisses disposent d'un délai de 2 ans pour réclamer le remboursement des sommes indûment versées (sauf en cas de fraude ou de fausse déclaration).
Mutuelle (carte, remboursement…)	Variable	Au minimum suivant les délais prévus dans le contrat pour adresser une demande de remboursement.
Ordonnances	1 an	La délivrance de la plupart des médicaments peut se faire dans l'année qui suit leur prescription. Pour les lunettes correctrices, la validité des ordonnances est de 3 ans pour les plus de 16 ans.

→

Type de document	Durée de conservation	Précisions
Versement d'indemnités journalières	Variable	Au minimum jusqu'à la liquidation des droits à retraite dans l'hypothèse où la validation de ces périodes n'aurait pas été faite.
Accident du travail : remboursements, indemnités journalières, certificats et examens médicaux	Indéfinie	Documents utiles en cas de rechute ou d'aggravation de l'état de santé
Capital décès	2 ans	À compter du jour du décès.
Carnet de vaccination, carte de groupe sanguin, carnet de santé	Indéfinie	Carnet de santé à conserver au moins pendant la minorité de l'enfant.

→

Type de document	Durée de conservation	Précisions
Certificats, examens médicaux, radiographies	Indéfinie	Documents utiles en cas de rechute ou d'aggravation de l'état de santé

Papiers d'une personne décédée : les délais de conservation des papiers du défunt sont identiques. En effet, certains de ces documents peuvent prouver des dettes ou des créances transmises aux ayants droit lors de la succession.

L'archivage : quels supports de rangement choisir ?

- **L'archivage numérique.** La meilleure façon de gagner de la place et de vous simplifier la vie : scannez tous vos documents et classez-les dans des dossiers et sous-dossiers, par thème, sur un disque dur dédié seulement à cette fonction.
- **Les meubles avec dossiers suspendus** contiennent des pochettes en carton rigides permettant de classer les documents par thèmes, et d'avoir accès à tous rapidement. Ce type de meuble peut comporter un, deux ou trois tiroirs, et nécessite d'avoir de la place au sol.

- **Les classeurs rigides** peuvent prendre place sur une étagère, même ouverte, en les choisissant dans les teintes de la déco. Chaque classeur peut correspondre à une thématique, et les intercalaires divisent le classement en sous-catégories logiques. À l'intérieur, les documents devront être glissés dans des pochettes transparentes ou perforées. Le rangement est plutôt esthétique, prend moins de place que les dossiers suspendus, mais nécessite de prendre le temps à chaque fois de classer soigneusement les documents.
- **Les boîtes cartonnées rigides** (une par thème) peuvent contenir des pochettes à élastiques pour le classement par sous-catégories. Elles peuvent être rangées dans un placard ou, à condition d'acheter des modèles semblables (et étiquetés !) alignées sur une étagère.

Ces procédés peuvent être combinés, en particulier pour le rangement des archives et des dossiers « en cours ».

Archives vs dossiers courants

Inutile de vous encombrer en gardant dans votre coin bureau la totalité de vos documents des 25 dernières années.

Vous pouvez choisir d'archiver les plus anciens (dans un endroit sec!), afin de ne conserver à portée de main que les exemplaires récents.

Gardez dans vos rangements les plus accessibles (étagères murales près du bureau, meubles à dossiers suspendus...) les documents concernant l'année en cours, et l'année passée.

Une fois par an environ, faites du tri dans vos archives, en vous reportant au tableau ci-dessus pour savoir ce que vous pouvez jeter.

Thématiques et classement

La clé d'un rangement efficace et pratique de vos papiers, c'est la logique des thématiques de classement choisies. Et en matière de logique, la meilleure c'est... la vôtre.

Vous aurez d'autant plus de facilités à ranger les documents et à les trouver dans les dossiers, que leur classement vous paraîtra naturel et intuitif.

Pour que ce classement soit efficace, il doit d'abord être déclinable sur plusieurs supports: vous recevez beaucoup de papiers par courrier, mais un certain nombre aussi en format numérique (relevés de compte dans votre espace personnel sur le site de votre banque, par exemple), ou par mail. L'arborescence que vous aurez choisie devra pouvoir apparaître également sur votre ordinateur, et dans vos dossiers de boîte de réception électronique.

Voici deux idées de thématiques, desquelles vous pouvez vous inspirer.

Exemple 1

Famille

1. État civil
   - Photocopies des cartes d'identité
   - Passeports, visas
   - Livrets de famille
2. Dossiers adultes (un par adulte de la famille)
   - Emploi (ANPE/bulletins de salaire/contrats/retraite)
   - Formation (certificats d'études/diplômes)
   - Santé (ordonnances/résultats d'examens/mutuelles/remboursement Sécu/cartes de groupe sanguin…)
   - CAF
3. Dossiers enfants (un par enfant de la famille)
   - Santé (carnets de santé)
   - Scolarité (bulletins scolaires…)
   - Banque (plans, livrets…)
   - Emploi étudiant

Biens

1. Immobilier
   – Contrats et titres
   – Courriers (lettres propriétaire-locataire, justificatifs AR, états des lieux…)
   – Quittances de loyer
   – Travaux et entretien
2. Équipement
   – Factures
   – Garanties
   – Modes d'emploi

(Classement possible également par type de biens : audio/vidéo/électroménager…)

3. Énergie et téléphone
   – Eau
   – Gaz, électricité
   – Téléphones (fixes/mobiles)
   – Internet
4. Loisirs
   – Activités diverses
   – Sport
   – Vacances (locations saisonnières)
   – Cartes de membres de club
   – Cartes d'abonnement
   – Cartes de fidélité
5. Mobilité
   – Véhicules (achats, amendes, entretien)
   – Transports
6. Patrimoine (héritages, donations)

Services

1. Assurances
   – Véhicule
   – Habitation
   – Scolaire/extrascolaire
2. Impôts
   – Impôts sur le revenu
   – Taxes foncières
   – Taxe d'habitation
3. Banques (un dossier par banque et un sous-dossier par compte)
   – Contrats
   – RIB/RIP
   – Factures de Carte Bancaire
   – Prêts
   – Épargne
   – Virements/prélèvements
   – Relevés de compte
   – Assurance-vie
   – Participation, capital
   – Cautions...
7. Services divers
   – Services à la famille
   – Écoles
   – Urssaf

Exemple 2

Assurances

1. Contrats et attestations
   - Habitation
   - Auto
   - Scolaire et extrascolaire
   - Assurance-vie
   - Assurance décès
2. Courriers
3. Preuves de valeurs
   - Photos des meubles
   - Certificats d'authenticité
   - Estimation d'experts
   - Sinistres

Factures et garanties

1. Travaux
2. Biens d'équipement
   - Mobilier
   - Électroménager
   - Hi-fi…
3. Prestations de service
   - Eau
   - Électricité
   - Téléphone
   - Artisans…

Famille

1. Papiers d'identité
   - Cartes d'identité
   - Passeports, visas
   - Livret de famille
2. Contrats et actes
   - Actes d'état civil
   - Contrats de mariage et Pacs
   - Succession
   - Acte de reconnaissance d'un enfant…
3. Formation, scolarité
   - Diplômes
   - Dossiers scolaires
   - Relevés de notes
4. Loisirs
   - Activités diverses
   - Sports
   - Cartes de membres de club
   - Cartes d'abonnement
   - Cartes de fidélité
   - Vacances

Finances

1. Banques
   - Contrats
   - RIB/RIP
   - Facturettes cartes bancaires

- Relevés de compte
- Virements/prélèvements
- Prêt immobilier/prêt à la consommation
- Assurance-vie
- Participation, capital
- Cautions…

2. Impôts
   - Impôts sur le revenu
   - Taxes foncières
   - Taxe d'habitation

Logement

1. Contrats et titres
   - Contrat de bail
   - Contrat d'assurance habitation
2. Courriers
   - Lettres propriétaire-locataire
   - Justificatifs AR
   - États des lieux
3. Quittances de loyer
4. Travaux et entretien

Santé

1. Dossiers médicaux
   - Ordonnances
   - Résultats d'examens médicaux
   - Carnets de santé
   - Cartes de groupe sanguin…

Vie professionnelle

1. Contrats, courriers
   - Contrats de travail
   - Certificats de travail
   - Soldes de tout compte
   - Licenciement
2. Fiches de paie
3. Retraite
4. Assedic

Voitures/motos

1. Achats
2. Amendes
3. Entretien
4. Papiers

Pour la gestion du courrier, voir p. 42.

En conclusion...

Si vous avez suivi nos conseils, vous êtes sans doute, à l'heure qu'il est, dans un salon (ou des toilettes) rangé, accueillant, dans lequel vous vous sentez bien, et avec la sensation agréable d'être libéré de quelque chose.

Ce quelque chose, c'est le tas d'objets inutiles qui n'attendent qu'à reposer en paix ou trouver un nouveau propriétaire.

Mais c'est aussi plus généralement le superflu, ce qui en encombrant nos pièces encombre aussi nos esprits.

Il ne vous reste plus qu'à entretenir régulièrement cette nouvelle organisation, sans tomber dans l'excès : si vous rêvez d'une maison rangée comme celles des catalogues de décoration, sachez qu'il vous faudra n'avoir dans vos penderies que des vêtements blancs, dans votre réfrigérateur que des aliments rouges, et dans votre maison que des enfants assortis à la moquette et passionnés de contemplation des murs.

Maintenant que vous avez désencombré vos placards et votre intérieur, la bonne nouvelle c'est que vous avez libéré de l'espace pour vivre. La vie qui fait du bruit, du bazar parfois, avec des objets qui dépassent, quelques chaussettes encore orphelines et des jouets qui traînent, mais avec assez d'organisation structurelle pour remettre les choses en place au moment voulu, et en un clin d'œil.

Table des matières

Achevé d'imprimer en France
par CPI Bussière
à Saint-Amand-Montrond (18)
Dépôt légal : septembre 2013
N° d'impression : 2028842